世界名人非常之路

盛田昭夫

企业经营之圣

李　勇◎编著

中国社会出版社

国家一级出版社 · 全国百佳图书出版单位

"世界名人非常之路"编委会

写在前面的话

那是18世纪，爱尔兰著名经济学家理查德·坎蒂隆著作了《商业性质概论》一书，他在该书中首次对"企业家"进行了定义，阐释企业家是专门承担风险的人。

后来，奥地利著名政治经济学家约瑟夫·熊彼特在所著《资本主义、社会主义与民主》中指出，企业家就是创新者，就是不断探索新的可能方案，不断寻找新的意义所在，不断发现新的实现自我的途径。按照他的定义，企业家的内涵和外延要广泛得多，不仅包括在交换经济中通常所称的生意人，也包括公司雇用人员，例如经理、董事会成员等。

美国著名企业家克雷格·霍尔在所著《负责任的企业家》中指出，企业家是做实事的人，是冒险家，是风险承担者，他们对朋友、商界伙伴和社会是负责任的。也就是说，企业家不仅是社会革新者，更是社会责任与信用关系的维护者，并且致力于改进社会。

总之，"企业家是不断在经济结构内部进行'革命突变'，对旧的生产方式进行'创造性破坏'，实现经济要素创新组合的人。"他们创造物质财富，推动社会不断进步，使人们更加幸福。财富虽然只是一个象征，但它与人们的生活、国家的发展、民族的强盛等息息相关。

企业家也创造巨大的精神财富，他们在追求财富过程中所表现出来的创新、冒险、合作、敬业、学习、执着、诚信和服务等精神，值得我们每一个人学习。这种企业家精神既是这个特殊群体的共同特征，也是他们独特的个人素质、价值取向以及思维模式，更是他们行动的理性超越和精神升华。

当然，企业家是在创造财富的实际行动中，在点点滴滴的事例中体现出伟大精神的。我们在追寻他们成长发展的历程时就会发现，虽然他们成长发展的背景各不相同，但他们在一生中所表现出的辛勤奋斗和顽强拼搏的精神，则是殊途同归的。

写在前面的话

这正如美国著名思想家和文学家爱默生所说："伟大人物最明显的标志，就是他们拥有坚强的意志，不管环境怎样变化，他们的初衷与希望永远不会有丝毫的改变，他们永远会克服一切障碍，达到他们期望的目的。"同时，爱默生认为："所有伟大人物都是从艰苦中脱颖而出的。"

为此，我们特别推出了"中外企业家成长启示录"丛书，精选荟萃了现当代中外在钢铁、石油、汽车、船运、时装、娱乐、传媒、电脑、信息、商业、金融、投资等方面最具有代表性的企业家，主要以他们的成长历程和人生发展为线索，尽量避免冗长的说教性叙述，采用日常生活中富于启发的小故事来传达他们的精神。尤其着重表现他们所处时代的生活特征和他们建功立业的艰难过程。本套作品充满了精神的力量、创业的经验、经营的学问、管理的智慧以及财富的观念，相信我们广大读者一定会产生强烈的共鸣和巨大的启迪。

为了让广大读者更方便地了解和学习这些企业家，我们还增设了人物简介、经典故事、年谱和名言等相关内容，使本套作品更具可读性、指向性和知识性。为了更加形象地表现企业家的发展历程，我们还根据他们的成长线索，适当配图，使之图文并茂，形式新颖，以便更加适合读者阅读和收藏。

我们在编撰本套作品时，为了体现内容的系统性和资料的翔实性，参考和借鉴了国内外的大量资料和许多版本，在此向所有辛勤付出的人们表示衷心谢意。但仍难免出现挂一漏万或错误疏忽，恳请读者批评指正，以利于我们修正。我们相信广大读者通过阅读这些著名企业家的人生成长与成功故事，会更好地把握自我成长中的目标和关键点，直至开创自我的幸福人生！

人 物 简 介

∽ 名人简介 ∼

　　盛田昭夫（もりた あきお，1921～1999），出生于日本名古屋。是日本著名企业家、索尼公司创始人之一和日本公司国际化的先驱。

　　盛田昭夫在第二次世界大战中曾经担任海军技术中尉，这期间他认识了著名企业家和教育家井深大。1945年，井深大在东京创立东京通信研究所，盛田昭夫在井深大邀请之下加入共同经营，获得了19万日元的资金，于1946年正式成立东京通信工业株式会社。

　　在短短几十年内，盛田昭夫将一个小厂发展成为国际性著名大企业。他在日本经济非常艰难的情况下，发挥其天赋，创造了日本的几个第一：制造出日本第一代磁带录音机和磁带；制造了日本第一台半导体收音机；生产出第一台全部由日本自制的半导体收音机；生产出世界第一台半导体电视机；生产出第一台家庭录像机；索尼公司成为日本第一家在纽约股票交易所上市的公司，等等。

　　20世纪80年代，索尼公司开始出售随身听微型收录机，从此"日本制造"便成为高品质电器的代名词。盛田昭夫在1971年成为索尼公司总裁，并在1976年出任会长。

　　盛田昭夫在商场上，展现出了非凡的个人魅力的公关手腕与精明远见，他从拓展美国市场、创造极为成功的随身听品牌、收购哥伦比亚电影公司，一路将公司品牌行销推广至全世界。

　　盛田昭夫是第二次世界大战后，协助国家从废墟中重新站起来的重要企业家之一，被选为20世纪最具影响力的亚洲人士之一。

　　盛田昭夫于1999年10月3日因肺炎病逝于东京。

　　盛田昭夫不但是位企业家，同时也是一位充满活力的经理人。他极力宣扬日式的管理风格，但他却是日本早期少数去美国学习西方管理理念的企业家，东西方管理文化的精华在他公司中得到了发扬光大。

　　在盛田昭夫带领下，索尼公司推出的掌心微机，在日本受到广泛欢迎，而且很快流行于欧美市场。但是，盛田昭夫不断告诉员工，不能满足于取得的成就，因为一切都在迅速变化，一定要再接再厉，否则就不能在商界生存，在高技术的电子领域尤其如此。

　　索尼公司依靠不断创新，使得业务迅速获得发展，后来成为世界著名的大企业。手提式半导体收音机、家庭录放机以及随身听都是在索尼公司中诞生的。

∽ 地位与影响 ∽

　　人们对盛田昭夫在日本企业管理的很多做法赞扬有加，尤其是他在关心员工方面。他认为西方管理文化太过注重财务和账面资产，而日本企业则是着重生产实际的产品和创造经久不衰的价值。

　　他善于去除糟粕，取其精华，恰当地引进西方管理文化，与日本的国情紧密地结合起来，用来提高公司员工薪资和福利，激励员工的工作士气，提供奖励改善他们的生活品质，受到广大股东与员工的欢迎与称赞。

　　盛田昭夫于 1999 年辞世。《讣文》中赞誉他为 20 世纪最具影响力的企业家之一。他被誉为"经营之圣"，与被誉为"经营之神"的松下幸之助齐名，在经济界是企业家学习的榜样。

目录

盛田昭夫

创造索尼的辉煌

附　录

幸福成长的童年

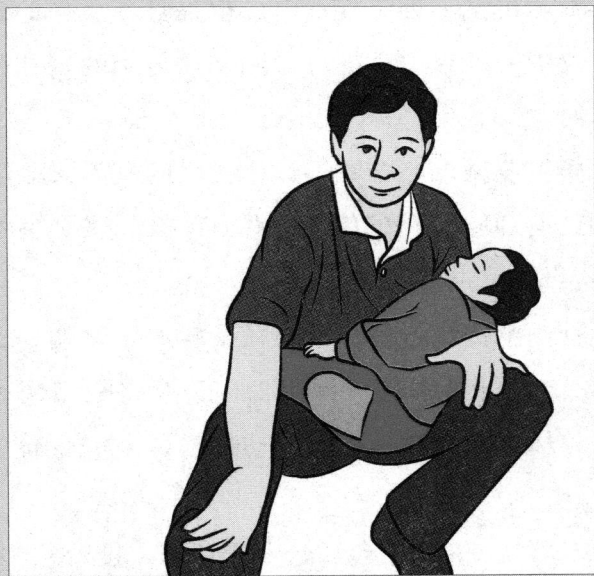

当你30年后离开我们公司，或者离开这个世界时，我不希望你后悔把最宝贵的岁月花费在这里，否则那将是个悲剧。

——盛田昭夫

生于酿酒世家

盛田昭夫于 1921 年 1 月 26 日出生于日本名古屋市的盛田酿酒世家。盛田家族有 300 多年酿酒历史，积累了丰富的经商经验。盛田昭夫是长子，他是盛田家族的第十五代传人。

米酒在日本不仅是一种民族饮料，也是日本文化的象征。它还是众多的宗教礼仪中的一个组成部分，例如在传统的婚礼上新郎和新娘要共饮一杯米酒。

小铃谷村离工业城市名古屋不远，村里的盛田家酿造一种"子日松"牌的米酒已有 300 多年的历史。"子日松"这个名字出自 8 世纪编纂的一本著名日本诗选《万叶集》。

日本宫廷有一个传统习俗，就是在鼠年的正月初一，日本人称这一天为"子日"，到郊外去选一棵小松树，并将它带回去，移植到御花园中。松树象征着长寿和幸福。岁初植松，人们企盼一年中的健康和兴旺。

盛田家的工厂从 1708 年起开始生产豆浆，接着从 1868 年起又开始制作酱油，酒、豆浆、酱油一直是盛田株式会社的主要产品。由于盛田家的生意与人们的生活如此紧密相关，所以他们在村子中也就具有一定的社会地位。

在明治维新前的 200 多年间，盛田家人一直担任小铃谷村的村长，是全村的头面人物。

盛田昭夫的父亲是一个非常出色的商人，但他继承的是一个陈旧的企业，企业在财务上还存在着严重的问题。盛田昭夫的祖父和曾祖父都很欣赏艺术，他们喜欢精美的艺术，有收藏工艺品的爱好，他们乐意将大量时间和金钱用于公众活动和收藏艺术品这样的活动中。

盛田家使用的茶具、瓷器、家具，以及一切日常生活用品，都是经过精心挑选的，一切都透着品位不凡而且又价格不菲。

在日本传统文化中，像漆匠、陶匠、纺织匠、铸剑人、编织匠、图案设计师、书法家这样的行业，他们之中最好的艺人和工匠会被看是"活国宝"。对于那些喜爱精致工艺品的人来说，能得到一件这些大师们的作品是一件非常值得炫耀的事。

由于盛田家两代户主都具有这种品位和收藏工艺品的爱好，他们常常无暇顾及公司的生意，后来他们甚至找人帮他们来管理公司。

盛田家雇人来管理盛田公司，但是经营绩效却并不理想。因为公司的生意对于那些经理而言，只不过是谋生的方式，仅仅是一份工作。如果生意不好，他们表示遗憾，但这对他们按时领工资却没多大的影响。经理们最大的风险不过就是丢掉一份工作，他们很快就会找到新的，他们才不会在乎盛田家族能不能持久发展。

当盛田昭夫的父亲作为长子继承家业时，他一上任就面临着巨大的困难。他想让公司重新盈利并恢复盛田家的社会影响力。要完成这些目标，他不能指望任何一个从外面雇来的经理来帮他完成。

这是一件非常困难的事情。当盛田昭夫父亲盛田久左卫门被通知回去继承家业时，他正在东京的庆应义塾大学商务系读书。盛田家族的公司面临倒闭破产，盛田昭夫的父亲也意识到了这个情况。

对盛田家的人来说，有一件事特别具有讽刺意义。由于盛田家需要一大笔的钱，盛田昭夫的父亲只好变卖上两代留下的那些精美艺术品，他用这笔钱还清了公司的债务，使得无人过问的工厂又恢复了正常运营。那些被变卖的艺术品多年以来一直被视为珍宝，虽然从实用主义的角度看它们并不具备那样的价值，但它们竟在关键时刻为挽救公司起到了决定性的作用。

在盛田昭夫的父亲卖掉的那些宝物中，有 3 件宝物是特别珍贵的：一件是来自中国的挂轴；另一件是来自中国的铜镜；还有一件是玉制的饰物，这件饰物可以追溯到公元前350年至公元250年前后。

卖掉这些宝物时盛田昭夫的父亲也很心疼，他知道这些东西在他父亲心目中的分量，所以他暗暗发誓，一旦家里有钱了，他一定会把这些东西赎回来。

没过几年，这些东西就给赎回来了，重新回到盛田家族的收藏中。

盛田昭夫是盛田久左卫门的长子，他出生的那一年，家里的生意又重新起步。

对还是一个小孩子的他来说，家里并没有什么艰难困苦，恰恰相反，他总是受到宠爱。他们生活在一个富裕的家庭里，住在名古屋市最好的住宅街之一的白壁町，人们称这一带为富人区。

按照日本的标准，他们家的房子很大，但却有些凌乱。他们家有自己的网球场，丰田家住在马路对面，他们也有一个网球场。这条马路两边的其他邻居也多拥有私人网球场。

盛田家需要一所大房子，因为共同生活在一个屋顶下的家庭成员很多，盛田昭夫自己，他的两个弟弟盛田和昭、盛田正明，还有他妹妹盛田菊子。除了他的父亲和母亲，盛田昭夫的姑妈也住在他家，由于盛田昭夫的姑父很早就去世了，所以姑妈没有孩子。

盛田昭夫的叔叔也住在他们家，他曾在法国学了4年西洋绘画。另外还有盛田昭夫的祖父和祖母，6个佣人以及三四个年轻人，他们都是从老家的乡下到城里来读书的，靠在他们家帮工换取学费。

家里虽然住着很多人，但他们在这个大家庭中却保持着自己的生活方式。盛田昭夫的父母和他们这些孩子总是与其他人分开吃饭。但是在一些特殊场合，例如过生日，他们就会将房间之间的拉门都打开，家里的人和亲朋好友聚到一块儿，大家共同举行一个盛大的聚会。

他们经常欢聚一堂，玩一种抽奖的游戏。每个人都有奖品，在欢声笑语中大家一边相互取乐，一边享受美食。这样的合家聚会中，完全由盛田昭夫母亲一手操持，她是一个具有耐心的、能干的妇女。孩子们、年轻的佣人和寄读的学生们之间的争执和分歧会被消除。

盛田昭夫的母亲出嫁时才17岁，她和盛田昭夫的父亲曾一度担心他们可能不会有孩子。在当时的社会文化中，有一个儿子作为继承人是一件非常重要的事，好在7年之后盛田昭夫终于出生了，他们才好不容易松了一口气。

盛田昭夫的母亲看上去非常文静典雅，而且特别有艺术气质。她十分认真地负责管理家庭内务，成天都忙于照看家里的事是否都做完了，家里的人是否都和睦相处，相安无事。盛田昭夫的母亲是一个非常自信的女人，这个品质在当时那个年代的女人身上是很少见的。

盛田昭夫的母亲很通情达理，很容易相处。由于盛田昭夫的父亲担负着挽救和重整家业的重任，他的时间完全被公司的生意占尽。由于父亲总是很忙，每当盛田昭夫需要帮助时，他更多地去找母亲商量。

盛田昭夫的母亲出身于武士世家，了解传统，她自己就总是身穿和服。但同时，她也愿意接受新的生活方式。因此，盛田昭夫的母亲把家里的很多传统都改变了。

盛田昭夫常常和家里的孩子们在一起打闹，但是等盛田昭夫稍稍长

大一点以后，还不到 10 岁，盛田昭夫就开始专心学习了，他更加依赖于母亲的劝导。母亲对整个家庭负责，她还给了盛田昭夫一间有书桌的单独房间。

后来，盛田昭夫开始做试验时又得到了另一张书桌，因为他需要一个工作台。盛田昭夫的母亲还特别为他买了一张床，这样他就不必像家里其他的人那样，睡在没有被褥的榻榻米上。当他还是个孩子的时候就被现代化了。他的母亲和父亲都希望如此，因为他们准备让他作为盛田家下一代的户主，成为家业的继承人，也就是第十五代盛田久左卫门。

具有讲究的名字

按照盛田家的传统，成为户主的儿子就要放弃他原有的名字，而改名为久左卫门。15 代人中的长子多数出生之后都取名为常助或者彦太郎。

盛田昭夫的父亲以前就叫彦太郎，直至他成为户主，才改名当了第十四代久左卫门。盛田昭夫的爷爷出生时取名为常助，他继承家业后改名为盛田久左卫门，他年迈引退后，将权力与责任传给自己的长子，也就是盛田昭夫的父亲，他再改名为盛田命昭。

然而到了盛田昭夫出生时，他的父亲认为常助这个传统的名字对于 20 世纪来说太陈旧了，所以他请了一位年高德勋的日本汉学家来为盛田昭夫取名。

这位先生是一个知名的学者，和盛田昭夫的爷爷是很好的朋友。他推荐起名盛田昭夫，其中的"昭"字在日语中有启蒙的意思。盛田昭夫爷爷的名字中也有这个汉字。

汉字在日语中往往有多种读法，有时甚至有 10 多种，所以盛田昭夫的名字读出来意味着"启示"或者"显著"，而盛田这个姓氏意味着茂盛的稻田，盛田昭夫的姓与名相结合看来预示着他的一生都是乐观与充满了希望的。

日本的朝代都有年号，日历上的正式年份是从一个朝代的第一年算起的。1926 年大正天皇驾崩，太子裕仁继位，皇家也找到那位为盛田昭夫取名的汉学家，请他选择一个吉祥的年号。他选取的年号是"昭和"，意味着"光明太平"，和盛田昭夫的"昭"字相同。

盛田昭夫 3 岁那年，盛田昭夫的父母之间发生过一次严重的争执，原因是怎样培养孩子。父亲批评妻子一天到晚给孩子讲童话，理由是这些东西华而不实，只能让孩子越来越蠢；妻子则认为人生短暂，童年更短暂，孩子稍稍长大了就会知道走哪条路了，用不着牵着鼻子让大象过河……

争执的结果是妻子吃了丈夫一记清脆的耳光，她还没有转过神来，丈夫已经把盛田昭夫扔进汽车，驶向小铃谷。盛田昭夫吓坏了，他不知道父母之间发生了什么事。

这是盛田昭夫第一次回小铃谷。在一块稻田旁，余怒未消的父亲抱起儿子从车上扔下来，儿子吓得浑身发抖。

"你叫什么名字？"

"盛田昭夫。"

"再说一遍，你叫什么名字！"

"盛田昭夫！"

"好样的！盛田昭夫！"

父亲笑了起来，然后问他"盛田昭夫"这4个字是什么意思。儿子茫茫然地望望父亲，摇摇头，不再出声。于是父亲开始耐心地讲"盛田昭夫"的含义，"繁茂的稻田""进步的""不寻常的""天皇""光明的和平""盛田株式会社""小铃谷""葡萄酒""子日松"……

受过一番惊吓的孩子，而且又经过一路的颠簸，哪里能听懂那么多东西！

盛田昭夫躺在父亲的怀里，慢慢地睡着了，父亲轻声细语的演讲成了一支催眠曲，他太小了，也太累了。父亲内疚地摇摇头，目送着稻田里耕作的农民踏着夕阳归去，直至繁星满天的时候，他才叫醒儿子。

"盛田昭夫，你要记住，你是我的长子，你生下来就是要当老板的。"他自言自语地咕噜了几句，调转车头回名古屋。

听到喇叭声，盛田昭夫的母亲惊喜交加，她抱起昏昏沉沉的儿子，泪流满面。盛田昭夫的父亲这时也意识到这种教子方法近乎暴虐。

第二天早晨醒来，妻子问儿子到哪里去了，父亲都说了什么话？

这个 3 岁的孩子揉揉眼睛，说自己梦见一块稻田，父亲指着这块稻田发脾气，说稻田是咱们家的，以后不准你再打弟弟了，你要来种水稻，你是盛田家的长子……

妻子后来嘲笑丈夫的"教子术"，在亲戚中间多次讲这个笑话，丈夫却说毕竟有用嘛，儿子知道了什么叫"稻田"，知道了自己是盛田家的长子……

盛田昭夫知道了自己是盛田家的长子，这依然无济于事。就在盛田昭夫出世前后，"富人巷"的孩子也纷纷出生。盛田昭夫家对面住着丰田汽车公司第一代社长丰田利三郎，丰田利三郎的几个儿子和盛田昭夫兄弟年龄相仿，在一起打闹玩耍中长大，直至进了同一个班级。

相隔两幢房子就是岩间的府邸，他的儿子叫和夫，1942 年从东京大学理学部毕业，和夫与盛田昭夫的妹妹青梅竹马，毕业不久就和菊子结婚成家。第二次世界大战后，和夫参与了索尼公司的前身——东京通信工业公司的筹建工作，是盛田昭夫的得力助手，1976 年出任索尼公司社长，1983 年去世。

前丰田汽车工业会长石田退三是邻近小铃谷的大谷村人，两个村落仅一山之隔。石田退三就读的铃溪高等小学前身，就是盛田家族第十一代左久卫门于 1888 年创设的铃溪义塾。石田退三和盛田昭夫的父亲是铃溪高等小学的同学，他的外祖父也是酿酒匠。

后来，石田退三也迁居"富人巷"，和盛田昭夫一家成了邻居，自然，两家的顽童马上多了几个打闹对手和亲密的朋友。值得一提的是，石田退三在第二次世界大战后拯救了濒临破产的丰田汽车公司，并为公司日后的发展奠定了雄厚的基础。

而在当时，"富人巷"的孩子们养尊处优，胡作非为，他们不知道压在父辈肩头的担子有多重，也不知道这副担子早晚会压在自己的肩头，他们只是笑呀、玩呀、打呀、闹呀，然后气喘吁吁地跑进各自的府邸，享受美味的菜肴。

只有在和"富人巷"的大孩子打架时，盛田昭夫才会把弟弟、妹妹们往身后一挡，不可一世地怒吼道："我是盛田家的长子，谁脖子上顶着的蛋壳硬，来碰碰我的拳头吧！"

即使被人打倒在地，再踏上一只脚，盛田昭夫依然像一只大甲虫似的挣扎着，没完没了地叫嚷："我是盛田家的长子，看我起来后怎样收拾你们这帮混蛋！"

当然，打架斗殴的现象并不是天天发生，更多的时候是"富人巷"的孩子们牢不可破地团结在一起，玩一些孩子们常玩的游戏。在穷人的孩子们面前，他们更是一副副不可一世的样子。至于褴褛的衣衫，蓬乱的头发，肮脏的脸，不洁的手，那是穷困的特征。

贫穷是一种耻辱，是一种不可原谅也不值得同情的奇耻大辱。他们几个小伙伴经常砸烂乞丐的饭碗，然后扬长而去，直至挨家人一顿痛打，迫使孩子前来认错道歉，他们还是不知道自己何罪之有。

他们还很困惑，到处都是土地和山丘，为什么这帮穷人和乞丐不去找一块地，盖几幢大楼？为什么他们自甘于这样丢人现眼地活着？

这样活着究竟是为了什么？母亲告诉盛田昭夫，这是命运，每个人都有自己的命运，命里注定的东西不能改变，人来到世上就是要受苦，只是迟早而已，所以对穷苦人要多一些同情和怜悯……

肩负特殊的使命

在日本文化里，长子在家族中担负着重要的使命，这是日本家族的一大特征。从土地到金钱以至家庭的全部财产，从前都是由长子继承的，这足以显示出长子的优势。同时长子也要承担照料好兄弟姐妹、亲属的责任。

盛田昭夫身为盛田家的长子，从很小的时候就受到有关家族传统和先辈的教育。他的先辈中出过很多爱好文学和艺术的人，例如他的祖父和曾祖父，他们一直都是社团的首领和村役所的官员，这个历史可以追溯至 17 世纪德川幕府的年代。他们是上等人，所以享有使用姓名和佩带腰刀的特权。

盛田昭夫的高祖父，也就是第十一代久左卫门，很喜欢新事物和新思想。在明治时代，他邀请了一个法国人到日本来帮他种葡萄和酿酒。他既酿造葡萄酒又酿造米酒，由此出名，而且也从中受到激励。

那时候日本刚刚结束了 250 年的闭关锁国，向世界打开了大门。新鲜事物很时髦，而且明治天皇也鼓励日本人向西方学习，特别是学习西方的生活方式和技术。在东京，人们举行正式的舞厅舞会，模仿欧洲的服装和发型，尝试西式食品，甚至在宫中也是如此。

酿造葡萄酒还有另外一个原因。明治政府预计到大米的短缺，而大米正是酿造米酒的基本原料。种植葡萄园，如果有可能的话，用葡萄酒来取代米酒，这样，在遇到预料中的歉收年时就比较容易对付了。

历史学家们对此还有另一种说法，当时政府是为了给那些在新政下无事可干的武士找一个就业机会。盛田家有大片耕地，所以 1880

年在明治政府的鼓励下，从法国带回了葡萄根茎，并且种植到地里。

盛田昭夫的高祖父安装了一台机器，用来加工葡萄，建起了适当的酿酒设施，还从附近招来了农工，在葡萄园中劳作。4年后总算做出了一点葡萄酒，这下子增强了大家的希望，认为这个新型的工业将会兴旺起来。

然而事实上并非如此。当时法国的葡萄园正在荒废，因为它们先是遭到了真菌，后又遭到一种像虱子一样的葡萄虫的侵害。很明显，从法国带回的葡萄根茎已经受到了感染，尽管做了精心的准备工作，这件事还是失败了。

1885年在久左卫门家的葡萄园里发现了葡萄虫，葡萄藤必须全部扯掉，久左卫门必须卖掉土地来抵债。葡萄园被改作桑田，用于养蚕。但是盛田家的其他传统产品，例如酱油和豆酱，却在1899年拿到巴黎参加了国际博览会，其中还有一种产品赢得了金奖，这在那个年代对于一家日本公司是一件非常荣耀的事。

总之，盛田昭夫的这位祖先有一种对新事物的渴望，而且还有一种不因一件事失败了就放弃的勇气和力量。他的前一任户主开创了啤酒制造业，请了一位中国酿酒师。

这位中国酿酒师是在英国学的手艺，他自己还开了一家面包店，如今这家公司叫作全自动咖啡机公司，生意兴隆，已经有了海外分店。不屈不挠、坚持不懈、乐观向上，这些天性从家族的基因中传给了盛田昭夫。

盛田昭夫的曾祖父于1894年去世。为了纪念他生前的功德，1918年人们在小铃谷村为他建了一座青铜像。他曾经用自己的钱为村里的人修路，改善设施，还做了许多其他的善事，因此当明治天皇巡视盛田昭夫家乡附近地区时，曾给他授勋。

不幸的是第二次世界大战时为了弥补军需，那座铜像被送去熔化掉了。人们留下了一个模型，又做了一尊陶瓷的胸像，这座胸像至今还树立在小铃谷村宗祠前的小树林里。

虽然看起来盛田家的历史一直在小铃谷村的周围，但是盛田昭夫的父母亲却从那个安静的小村子搬到了名古屋市。名古屋市是爱知县县府所在地，盛田昭夫就是 1921 年 1 月 26 日在那里出生的。

把家搬到名古屋这个热闹的工业城市去，只是父亲促使盛田公司现代化的计划中的一个步骤，它给古老的公司注入了新的精神。另外，在城市里办一个现代化的企业也比在那个美丽的小村子里更加便利。

盛田昭夫的父亲对他十分慷慨，尽管如此，他仍然肩负着长子的重任，所以盛田昭夫的父亲决定盛田昭夫从很小时就应该接受商业教育。

盛田昭夫的父亲受到时代的限制，因为他是家里长子，所以为了挽救家业，他必须中止学业。盛田昭夫的父亲一直是个很讲实际的商人，而盛田昭夫却认为他保守，有时甚至保守得过了分，特别是要为一件新的、有风险的事或者非同寻常的事作出决定的时候，他看上去需要很长的时间才能作出决定，而且还总是要担心。

有时候盛田昭夫甚至认为自己的父亲会为了没事可担心而担心。盛田昭夫经常与他争执，他父亲也很喜欢这些小小的争执。在父亲眼里，这是一种教育盛田昭夫的方法。这种方法让盛田昭夫从小就学会了表达自己的观点。

直至盛田昭夫长大以后，他还是继续为父亲的保守主义与他持不同意见，但是这对盛田家却有好处。与他在生意上严肃与谨慎的个性相反，他是一个温和、慷慨的父亲。他的全部休闲时间都是与孩子们一起度过的，这给盛田昭夫留下了很多的美好回忆，其中有他教孩子们游泳、钓鱼，还有徒步旅游。

在父亲的眼里，生意毕竟是生意，不能开玩笑。在盛田昭夫 10 岁的时候，他就第一次被带到公司办公室和酿酒厂去。父亲想让他看一下怎样做生意，盛田昭夫长时间地坐在他的身边，旁听枯燥无味的董事会议。就这样，盛田昭夫学会了如何与雇员交谈。

盛田昭夫还在读小学时就学会了一些生意经。因为他的父亲是老板，所以他可以让经理们到家里来汇报和参加会议，而在这样的场合父亲总是坚持要盛田昭夫旁听。不久，盛田昭夫就对此感到津津乐道了。

父亲总是不断地提醒盛田昭夫："你一出生就是老板。你是家里的长子，切记勿忘。"

身为盛田家的长子，盛田昭夫早晚会成为父亲的继承人，担当公司的最高管理者和家族的户主。

当盛田昭夫还是小孩子时，就不断地受到这样的训诫：

不要以为身处高位就可以支配周围的人。要搞清楚自己决定要做的事，同时也要搞清楚让别人做的事，并对此担负起全部责任。

盛田昭夫还受到过这样的教育，斥责部下，出了问题就推到别人身上，也就是找个替罪羊，这些都无济于事。按照家里人教导盛田昭夫的日本式思维方式，合适的做法应该是利用与别人达成的共识来完成一件事，使双方都受益。

每个人都想获得成功。在学习与雇员共同工作时，一个管理者需要培养自己的耐心并学会体谅别人，不能做出自私自利的举动，更不应该对人耍弄卑劣的手段。

身为盛田家的长子，盛田昭夫从小就被看作是盛田家族企业未来的老板，家族长辈一直向他灌输家族的成功思想与良好家训。盛田昭夫也一直坚信这些概念，而这些概念后来帮助他形成了一种管理哲学，对他后来的事业起到了很大的帮助。

受到良好的家教

盛田家的人信奉佛教，所以也受到由此产生的训诫的引导。家里的人很虔诚，经常在家进行宗教仪式。大人们递给孩子们一本佛经，并要求他们一起学着念那些复杂的汉字。

盛田昭夫也受到了佛教的影响，由于这些习俗与传统对于家庭很重要，所以还是得以保持下来。

盛田昭夫在读中学时，所有的假日除了用在生意上，还是用在生意上。父亲要开会时就会带他到办公室去，盛田昭夫要在那里坐着听人向他汇报。然后就是盘点货物。商业界把这个称作盘存，采用的是一种古老的、传统的、非常精确的办法。

盛田昭夫和父亲到工厂去，公司总裁站在身后，清点每一件东西。盛田昭夫被教会检查酿酒过程，还要亲口尝一点酒，试试它的味道，再把它吐掉。尽管这样，也许正是因为这样，他对任何酒精制品都不感兴趣。

虽然盛田昭夫的父亲从天性上讲是个非常保守的人，但他还是希望他的家人能够得到他们需要和向往的东西。他对新的、引进的技术和外国货总是很感兴趣。

盛田昭夫家还住在小铃谷村的时候，他的父亲就从国外买了一辆"福特"旅游车，在家乡办起了出租车。他找了一个原来拉两轮人力车的车夫来当第一任司机，当时人力车在日本还很普遍，而汽车还是新鲜玩意儿。

在儿时的记忆中，盛田昭夫每到星期日就要出去郊游，坐在一辆"福特"T型或者A型敞篷车上，沿着凸凹不平的狭窄道路，慢慢地颠簸着向前开。母亲神气十足地坐在后面的座位上，把她手里的阳伞庄重地举直，遮挡住阳光。

后来父亲总是乘坐由他的司机驾驶的"别克"车。盛田昭夫的家里还有一台通用电气公司出产的洗衣机和一台西屋电器公司出产的电冰箱。

虽然盛田昭夫家在某种程度上西化了，但是对他的生活第一次真正产生作用的外来影响却是他的叔叔敬三。

敬三在国外住了4年，从巴黎归来，他第一次把正宗的西方风尚带入盛田昭夫家。

对盛田昭夫来说，叔叔敬三久经世故，比家里的任何人见的世面都要多得多。在他回来之前，没有人要求盛田昭夫穿和服，父亲上班时穿西装，回家后再换上传统服装，甚至盛田昭夫的祖父也经常穿西装。但敬三回来后就要求家庭成员在节日或重要场合穿和服。

盛田昭夫的祖父对西方很感兴趣，他喜欢看美国电影，在盛田昭夫小的时候，他的祖父还带他去看过一部叫作《空王》的电影。但是叔叔敬三却带给他们他在外部世界的亲身经历，这激起了盛田昭夫的极大兴趣。

敬三叔叔带回他在巴黎画的油画，在法国拍的照片，在去伦敦和纽约的旅途中画的写生，他还给盛田昭夫看他用"巴塞"电影摄影机拍的电影，那种摄影机用的是9.5毫米的胶卷。他在巴黎有一辆"雷诺"车，自己驾驶，还照了一张照片来证明此事。

当时盛田昭夫虽然只有8岁，这些事还是给他留下了深刻的印象，盛田昭夫记住了他能够记住的全部外语单词，像协和广场、蒙特马利高地、柯尼岛等。特别是他叔叔给他讲柯尼岛时，他都听得着了迷。

盛田昭夫的父亲也学着祖父那样，总是说："如果一个人自己不愿意坐下来刻苦学习，世上再多的钱也不能使他成为受过良好教育的人。但是有钱却可以提供一种教育的机会，那就是通过旅游增长见识。"

盛田昭夫的叔叔正是这样。他回来后在家里建立起自己的画室，和他们在一起住了很长的时间，直至后来他自己结婚为止。他在国外学习的 4 年期间都是由盛田昭夫的祖父供养。

几年以后，父亲出钱让盛田昭夫在高中的假期里和同学一起去日本的很多地方旅游。朝鲜从 1904 年起被日本占领，1910 年又被日本吞并，盛田昭夫家在朝鲜有一个亲戚，他到过那里，以后又到过更远的中国。

1939 年或是 1940 年，盛田昭夫甚至还乘坐过全空调的流线型火车，它的名字叫"亚洲号"。本来下一步打算去美国，但是由于战争，盛田昭夫没有去成。

盛田昭夫家是一个少有的现代化家庭。母亲非常喜爱西方的古典音乐，家里有一个"维克多牌"留声机，她买了不少的唱片。盛田昭夫的祖父经常带她去参加音乐会，盛田昭夫认为正是母亲的原因，他才对电子与音响复制技术产生了兴趣。

盛田昭夫和家人经常在一起听欧洲音乐大师的唱片，留声机的大喇叭中发出刺耳的声音。当时可利用的机械式录音设备很难再现交响乐中的全部声音，所以最好的唱片是声乐与器乐独奏。

盛田昭夫的母亲最喜欢恩立柯·卡鲁苏和小提琴家爱弗雷·津巴利斯特。不管什么时候，只要有著名的艺术家访问名古屋，她就会带着盛田昭夫去看他们的演出。

当时本地的一个唱片商从国外进口古典作品的唱片。每个月新唱片到货时，盛田昭夫的叔叔都要送一套给母亲试听。盛田昭夫那时还是个小孩，总是起劲地去摇留声机的手柄。当盛田昭夫读初中时，一种新的电留声机从美国进入日本，盛田昭夫的叔叔对新生事物非常感兴趣，他们家当然会买一台。

　　父亲认为如果喜爱音乐就应该享受良好的音质；另一方面，他担心听"维克多牌"留声机那种细弱无力的声音会影响耳朵和音乐鉴赏能力。从艺术或技术的角度来说，父亲不懂或者说不会欣赏音乐，但是他想让他的家人有机会尽可能地听到最真实的声音。同时，他觉得在这方面加大投资是有必要的。

　　他觉得一个人只有通过听最真实的表演才能学会欣赏好的音乐和好的音质。所以当首批新的留声机进入日本时，他花了一大笔钱买下了第一台，至少在当地是第一台。

　　那台留声机也是"维克多牌"，价值 600 日元，是一个令人难以置信的数目。那时候在日本买一辆小汽车也只要 1500 日元。

　　盛田昭夫永远也不会忘记那台新的电留声机中发出的美妙声音，当然是指与老的留声机相比。那是一种完全不同的声音，盛田昭夫听得目瞪口呆。买了新留声机后收到的第一张唱片是拉威尔的"波雷罗"。

　　盛田昭夫很喜欢"波雷罗"这个曲子，因为它让人听出一种感伤的情怀，再加上新机器逼真的音质，真是令人惊叹不已。

　　盛田昭夫把那些唱片听了一遍又一遍，莫扎特、巴赫、贝多芬、勃拉姆斯。在听音乐时，盛田昭夫的心中充满了激情，同时，他也感到奇怪，像真空管那样的电气装置居然可以从刺耳的唱片中发出如此美妙的声音。

　　盛田昭夫被这个新的发现所困惑，满脑子的疑问。盛田昭夫有个亲戚是工程师，当盛田昭夫知道他自己装了一台留声机时，就很想去看看。于是盛田昭夫就到他家去，好好看看那台留声机。其实那是一堆零件，用电线连接起来，摊在房里的草垫上。

　　当盛田昭夫看到，原来，这样的东西并不是只有大工厂才能制造，而是一个业余爱好者也可以搞出来，盛田昭夫觉得真是了不起。

　　事实上，在当时的日本，自己装收音机成了很普及的业余爱好，有些报纸和杂志开辟专栏，登出图纸、零件表和说明，告诉读者如何装收音机。

为此，盛田昭夫从亲戚家出来以后，他立即觉得自己也应该做一台会播放音乐的机器。

他开始买有关电子学方面的书，并且订了日本和外国的包含全部有关音响复制和收音机最新消息的杂志。不久他就在电子学上花去了大量的时间，以致影响到他的学业。

他把课外的时间几乎全部都用到这个新的爱好上，照着一本叫作《无线电与试验》的日本杂志中提供的图纸做一些电子装置。盛田昭夫的梦想是做一台电留声机，录上他自己的声音。随着试验范围的扩大，他从这门新兴技术学到的东西越来越多。

盛田昭夫真正感兴趣的这些东西在当时的学校里是不教的，他必须自学。

通过努力，他自己动手，总算是做出了一台很粗糙的留声机和一台收音机。盛田昭夫甚至还把自己的声音录了下来，再从自制的留声机中重放出来。

盛田昭夫对摆弄电子装置十分着迷，搞得学习成绩几乎不及格。

母亲经常被叫到学校去参加会议，讨论盛田昭夫在学校的糟糕表现。校长为了盛田昭夫对传统课程不感兴趣的事又费心又恼火，要求家长配合他的工作。

那时班上总是根据分数来分配座位。全班有 250 名同学，分成 5 个组，每个组 50 人。每个组拔尖的同学就当组长，坐在教室最后面，然后按照成绩降序往前排。虽然每年班上的座位都会有所变化，但盛田昭夫总是坐在前排，就在老师的鼻子底下，与差生们在一起。

盛田昭夫的力学、物理和化学成绩都不错。但是他的地理、历史和国语总是在平均水平以下。由于这种偏科的成绩，校长经常把他叫到办公室去谈话。如果到了非常糟糕的地步时，父母亲就会训斥盛田昭夫，并责令他扔掉那些电子玩具。

盛田昭夫只好暂时服从，但是一旦成绩有所好转，就立刻又旧"病"复发，重操旧业。

饱尝战争的痛苦

　　包括懦夫在内的任何人都可以发动战争，但要结束战争却要得到胜利者的同意。

　　　　　　　　　　　　　　　　　　—— 盛田昭夫

生活在战争年代

"远亲不如近邻。"这是中日和平时期的客气话。当然，曾经弱小的日本也用此话和强大的中国搞好关系。但当中国这个邻居失火的时候，难免就有些政治狂热分子想出来搞个趁火打劫。

早在明治维新之前，日本封建军阀就多次发出要侵略中国和朝鲜的战争叫嚣。明治天皇即位伊始便制定了分期进行侵略扩张的"大陆政策"。所谓"大陆政策"，就是用武力征服中国和朝鲜。为了发动大规模的侵略战争，日本政府大办军火工业，积极建立近代化的陆海军。

1890 年 5 月，日本首相山县有朋在国会发表施政演说，要求国会通过准备对中国作战的军费预算。据 1893 年的统计，日本陆军的兵力平时为 63000 人，战时可达 23 万人。日本的海军也迅速发展起来；至 1894 年 7 月丰岛海战前夕，日本海军已拥有 33 艘军舰，还有鱼雷艇 24 艘。

一切准备就绪，日本就寻找发动侵略战争的借口了。

1894 年春天，朝鲜暴发了农民起义，起义军喊出了"逐灭洋倭""尽灭权贵"的口号。日本政府早就蓄谋侵略中国和朝鲜，随即派兵进行镇压，在不到一个月的时间内，日本派往朝鲜的侵略军已达 10000 人左右。

1894 年 7 月 23 日，侵入汉城的日军悍然发动政变，攻进朝鲜王宫，拘禁朝鲜国王李熙；两天之后，日本联合舰队在朝鲜牙山口外的半岛附近不宣而战，对援助朝鲜的中国北洋舰队发动了海盗式袭击，事后又颠倒黑白，反咬一口，说北洋舰队进攻了日本军舰。

8月18日黄海海战中北洋舰队的"定远号""致远号"覆没，日本帝国主义的侵略气焰更是嚣张。不久旅顺口、威海卫失守，北洋舰队在刘公岛全军覆没，日本人的胃口更大了！

进入20世纪，日本人的侵略扩张的野心更像发酵的粪坑，不断地冒出一连串气泡。

盛田昭夫的少年时代是个暗杀的时代。

1928年6月2日夜，日本陆军精心策划并完成了炸死中国东北军大帅张作霖的阴谋，这一年盛田昭夫只有7岁。

1931年至1933年更是一个黑暗的年代。

军人左翼分子在大川周博士和樱会活跃分子桥木欣五郎中佐策动之下，搞了一个类似"三月阴谋"但比其更凶残的武装政变计划，准备于10月底袭击将在首相官邸举行的内阁会议，杀死首相以下各位大臣，占领军政要地，解散国会，迫使天皇承认军人内阁。

起事前，阴谋策划者内部发生分歧，走漏风声，政变阴谋破产，1931年10月7日，宪兵当局逮捕首谋者。

1932年1月8日，在天皇裕仁前去参加检阅的途中，一名朝鲜人在天皇通常乘坐的轿车下面投放了一颗炸弹，结果裕仁坐在另一辆车里。

一些中国报纸写道：

可惜朝鲜人炸错了轿车。

裕仁自己也曾同宫内诸臣笑称袭击者选错了目标。但是在中国日本租界的日本兵却气昏了头，将他们的怒气发泄在中国平民身上。

1月28日夜晚，日本海军陆战队向中国军队挑衅，在上海开始了激烈的战斗。日军苦战数周难以推进，连连增兵，并出动飞机轰炸上海平民，造成数千无辜平民死亡。

就在日军与中国军队在上海血战之时，日本又发生了一起震撼全国的暗杀事件。秘密组织"血盟团"创建人井上日认为，日本必须背离 20 世纪，回归"神种"天皇统治下的农村经济，实行君民共治，唯有这样才能消除日本的种种弊端。

为实现他的神秘主义理想，"血盟团"采取"一人杀一人"的暗杀方针，团员歃血为盟，指天发誓，定期在东京郊区护国堂举行盟主井上日设计的祭祀、默祷和多种神道仪式。

1932 年 2 月 7 日，"血盟团"的一个团员在一所学校前面将公开反对增加军费的财政大臣前藏井上准之助杀死；一个月后，日本商界领袖人物三进总社公司理事长琢磨男爵在东京市中心他的办公室里被暗杀，杀死他的是"血盟团"的另一名成员。

1932 年 5 月 15 日，裕仁天皇的内阁首相犬养毅被杀害，凶手是提倡"农本主义"的"爱乡塾"的塾生。他们还以消灭"特权阶级"为借口，攻击掌玺大臣的公馆，以及其他一些大企业的办公室，他们也破坏了日本银行和三菱银行。

此次事件标志着两党政治的结束。从这一天开始，首相均由无党派人士担任，这实际上意味着天皇只能从陆、海军中选择首相。接替首相的是 81 岁高龄的退役海军大将斋藤实。暗杀阴谋还在继续以同样的节奏推进。

1932 年 8 月，警视厅阻止了一起暗杀新首相斋藤实的阴谋；9 月，破获了一起企图杀害前首相若槻礼次郎的计划；10 月，警视厅又破获了一个企图谋杀牧野伸显的阴谋。

1933 年 7 月，"爱乡党"和"大日本生产会"等秘密组织的 44 名恐怖分子在准备暗杀内阁所有成员以及其他政治要人时，被警视厅传讯。

这次阴谋的所有参与者不久即被全部释放。理由是他们出于爱国动机。但是真正阻碍警视厅继续深究和司法部门认真审理的原因是，他们确知在恐怖分子后面牵线的是一个军人小组。

就在暗杀阴谋此起彼伏的日子里，盛田昭夫读完了小学、中学。那时他对于各种政治问题并不注意，日本教育制度的日益军事化开始使他感到新奇，面对天皇裕仁身着戎装的大幅照片宣誓鞠躬，盛田昭夫觉得像"盂兰盆节"追荐亡灵一样有趣。

1934 年，盛田昭夫 13 岁，每天要上两小时的军训课程，这门课程的教师是由军方派来的，他是个训练有素的职业军人，又是一个颇有煽动力的演讲者，通过他深入浅出的讲解，盛田昭夫他们终于明白苏联是日本潜在的敌人，日本可能会与苏联作战，最好是先发制人，置之死地而后快！

供职于海军科技处

当盛田昭夫进入大学时，战争已经开始了，浅田教授的实验室被迫承担海军的研究项目。

盛田昭夫继续在做他的试验，所以他总是逃课，以获得尽可能多的试验时间。盛田昭夫发现大部分的教授都不愿意讲课，因为他们所有的著作和论文都可以找到，而学生自己一看就可以知道他们将要讲些什么。

因为盛田昭夫经常逃课，所以他可以获得比别人更多的试验时间。这期间，浅田教授对他的帮助越来越大。

不久后，在浅田教授的指导下，盛田昭夫也可以帮教授为海军做一些小事了，主要是电子学方面的事，因为这种工作比老的电路或是电气机械方面的事更接近纯物理。

在大学里，浅田教授被公认为是应用物理学的专家，报界经常向他咨询一些科学方面的问题。在浅田教授承担海军的研究项目期间，他还同时开始撰写一个星期专栏，详细地叙述科学研究和技术上的最新动态，当然，这些动态只限于不保密的内容。

这期间，读者们给浅田教授写信，对他们自己在科学方面的想法征求教授的意见。于是，专栏办得朝气蓬勃，深入人心。

盛田昭夫经常为浅田教授的研究帮些忙。当教授太忙的时候，盛田昭夫偶尔也替他撰写专栏文章。

盛田昭夫在一篇专栏文章中议论过原子能，并且阐述过这样的想法：

如果以适当的方式处理原子能，就可以造出极其强大的武器。

只是当时原子能与原子武器的想法都离现实太遥远。日本当时只有两座回旋加速器，开发原子反应的进程十分缓慢。日本当时的技术一天只能分离出几微克的铀235，照这样的速度计算，需要积累20年才足以制成一颗炸弹。

当然，盛田昭夫此时并不知道美国和德国的科学家们已经走了多远，日本也没有人知道曼哈顿计划。

浅田教授的一部分工作是为日本帝国海军搞的研究项目，盛田昭夫给他当助手。与此同时，盛田昭夫接触到一些海军军官，他们是从离横滨不远的横须贺航空技术中心来的。

临近毕业，盛田昭夫还没有被征兵。

一天，一个军官告诉他，只要通过一次考试，物理系毕业生可以申请短期服役，并成为一名军官。盛田昭夫一点都不想当海军军官，虽然有时他也会这样想，与其被毫无选择地征入海军或陆军，还不如自愿报名，挑一个好一点的位置。

另一个军官是一名大佐，一天到实验室来，他告诉盛田昭夫还有一个办法。

海军当时有一个计划，要委托大学培养一批新征入伍人员。二年级的学生可以申请，一旦被接受他就要在海军中终生服役。后面这个条件看起来非常令人担心，因为盛田昭夫并不想当一个职业的海军军官。

然而，当他谈到另一条出路时，盛田昭夫对前一个办法很快产生了兴趣。他说道："学过物理专业的短期服役军官会被分配到战舰上去操作刚刚投入使用的新型雷达，也就是分配到战斗区域。这样能接触很多新生事物。"

这样一来，摆在盛田昭夫面前的有两种选择，一种是申请短期服役，被分配到海上去，前途未卜；另一种是与海军签订终生合同，但可以继续他的学业。

盛田昭夫被推荐参加终生在海军服役的考试，并得到奖学金，这样他就可以在实验室里继续工作，获得学位。

盛田昭夫对这件事没有长时间地思考。他认定在那种时候终生服役的办法更好一些。

没有人知道将会发生什么事，盛田昭夫参加了考试，而且顺利通过。海军每月发给他 30 日元钱，还给了他一枚金色的锚徽，戴在领子上。

就这样盛田昭夫成了一名海军，分配到大学里培训。他的任务是继续学习物理学。但是这种情况并未持续很久。盛田昭夫读三年级时，战争更加激烈了，物理系的学生也与全国其他的每一个人一样，直接受到军方的控制。

1945 年年初，盛田昭夫被分配到横须贺的航空技术中心办公室，住进一个工人宿舍改成的兵营，第一天的早晨他就和其他应征的工人一起被赶进了工厂，而不是像他所预料的那样到实验室去。一个人递给盛田昭夫一把锉刀，把他分配到机器车间。每天都要到那个车间去干力气活，锉一些钢制零件。

过了几天盛田昭夫开始想，如果再不离开那个鬼地方他会发疯的。全日本的学生都被从学校里赶出来，非重要岗位的工人都被征用去干军工，现在大学的理科学生看来也不能例外了。很多在校的少年

儿童都参加了预备队。

龟井良子，她后来成为了盛田昭夫的妻子，也被从学校征召到一家工厂里去制作"红蜻蜓"训练飞机机翼的木制构件。由于那次的经历，她至今还会使用木工工具。

飞机构件厂遭到轰炸后，她被分配到一家工厂去为伤员做病号服，后来又被调到一家印刷厂，那家工厂印刷一些用于亚洲占领区的军事印刷品。战争后期，大部分学校都只能每周上一天课，有些甚至一天课也上不成。

由于日本的兵力散布得太远，显得薄弱，所以国内几乎没有年轻的男人来干这样的工作。龟井良子和盛田昭夫直至1951年才初次见面，就在那一年他们结婚了。

在那个工厂里干了几个星期的苦役后，有人意识到把盛田昭夫的工作分配错了，盛田昭夫突然被调到光学实验室去，但是没有任何解释。

盛田昭夫开始感到又回到了自己最熟悉的工作环境中。实验室里有军官和工人，他们是从摄影学校毕业的，只有他一个人是大学物理专业的学生，所以他们把遇到的技术难题积攒起来，让盛田昭夫研究处理。盛田昭夫也愿意做这样的工作。

分给他的第一个任务是找出一个办法，来防止高空干燥的大气层中产生的静电在航空照片上造成锯齿状的条纹损伤。为研究这项任务，他需要到一个资料丰富的图书馆去，于是他制订了一个计划，以某个政府强势部门的名义去查资料。

他给东京物理化学研究所的一位知名教授打了一个电话，并假装是从海军直接打来的，盛田昭夫希望得到他的允许，以便利用该研究所的图书馆。结果，这位教授对他鼎力相助。

盛田昭夫向上司提出申请，每天去东京从事他的研究工作。他的申请非常有说服力，因为几乎立即就获得了批准。但是乘坐战时那种缓慢、拥挤的列车从横滨到东京大约要花一个小时，非常烦人。后来他搬到一个好朋友的家里去住，他是盛田昭夫的小学同学，在东京大学学法律，已经被征入海军。

平时盛田昭夫到研究所去，星期六回到工人宿舍，与他的同事共度周末。他学会了怎样当一个军工万事通。

但是盛田昭夫并没有逃避工作。他试着解决如何防止那些静电条纹。他了解到用测绘照相机拍摄航空照片时要用大量的胶卷，这样通常会引起静电火花，损坏图像。通过阅读资料和做试验，他已经有了一些想法。

盛田昭夫来到暗室，这里有大量的胶卷可以利用，他试图在实验室里模拟静电火花。他在照相机的零件和胶卷上加各种电压，变换极性。不久后他就可以非常逼真地在实验室里模拟那种现象。

他在第一份报告中写道，虽然已经在一定程度上模拟出那种现象，但还需要精确地找出造成它的原因和排除它的方法。然而由于光学部缺乏合适的设备，无法继续进行试验。当然具备最好设备的合适地方是浅田教授的实验室，于是盛田昭夫申请暂时调到那里去工作。

为了使上司早作决定，盛田昭夫还特意说明他不需要差旅费，因为实验室在他的母校里，他知道在哪里可以找到不花钱的地方住宿。他只需要他们允许他去那里的实验室工作就行了。他们的唯一投资是大量的胶卷，因为当时胶卷非常少，盛田昭夫无法在别的地方弄到。

不知出于什么原因，他们答应盛田昭夫的要求。盛田昭夫不仅希望完成任务，还想利用这次提交给海军的正式研究报告作为他的毕业论文。

盛田昭夫的要求得到同意后，他得到了一大堆胶卷。回大学之前他把胶卷装进了他的背包。

以后的几个月里，当别人都在度过艰难时光的时候，他却住在当学生时家里为他租的公寓中，从浅田教授那里得到宝贵的指导，每周只需要为他的研究发出一份报告。

　　这个机会让盛田昭夫可以按照自己的步调进行他喜欢的、有创意的工作，当然他还可以继续从浅田教授那里学到新知识。

　　盛田昭夫从大学毕业以后，自动地成为一名职业海军军官，这表示他必须通过实际的海军训练，于是他乘船去了滨松的海军陆战队基地，离名古屋不远。

　　盛田昭夫在那里接受了 4 个月的军官教化和训练课程。军事训练的条件异常艰苦，而且训练的难度和强度都会很大，但是这对盛田昭夫的身体锻炼是值得的。

提心吊胆地工作

在当时的那个年代，只有像盛田昭夫一样的理科学生才能暂时免予征兵。那时日本已掀起一股战争的狂热，战争成了人民生活的中心，盛田家收到一封应征信，正在早稻田大学学经济的弟弟盛田和昭被征召入伍。

还是中学生的盛田正明也和同学们一道自愿参军。这两个消息给了盛田家沉重的打击，尤其是盛田昭夫的妈妈。她不禁失声痛哭，责怪盛田正明不体谅她。盛田昭夫也忍不住责备盛田正明，说他那么小就去参军，简直是异想天开，胡闹！

盛田正明却回答说是因为同学们都去了，自己如果不去的话，会被别人认为是不爱国，自己可能还会遭到嘲笑。盛田昭夫对他说："你太自私了，一点也没有考虑过母亲的感受。"

盛田正明哽咽得说不出话来。

母亲说："战争可不是什么好玩的游戏，你可能再也见不到妈妈了。"

盛田昭夫也说："真搞不懂你为什么愿意去参军。"

"愿意？鬼才愿意。这个时代有我选择的余地吗？"一直沉默的盛田和昭终于说话了，"大哥你不是也不愿意参军吗？可是结果怎么样了呢？不也成了一名职业军人吗？与其整天提心吊胆地担心自己会被选中参军派上战场，不如索性自愿加入。"盛田和昭悲愤地说。

一时间，空气似乎凝固了，大家都明白，在战争的年代里，这是谁也逃不脱的命运，望着哀伤欲绝的母亲，盛田昭夫却找不到一句安慰的话。

当时入伍通知都是用红纸印的，上面写着报到的日期和违反命令的惩罚。男人们通过红纸信被束缚住了。

望着眼前的红纸信，上面不过贴了一张邮票，可是它给整个盛田家却带来了紧张、恐怖和绝望！在战争年代里，人的生命价值就像一张邮票似的。

没过多久，入伍的日子到了。

母亲亲自为两个儿子整理好草黄色的国民服。父亲表情严峻，强忍着内心的悲痛。就要离开家了，盛田正明忍不住放声大哭，母亲取下头上插的梳子，把它放进儿子的手里。"多加小心啊，一定要回来。"

在日本的文化里，据说在九死一生的关头，身上带着亲人的梳子就能够保全性命。街道主任和肩上横挂着"爱国妇会"带子的妇女们簇拥着昭和正明走了。

母亲一声不响地站在那里，泪流满面，也许是对儿子在战争中的生存也失去了信心。盛田昭夫那瘦削的肩膀显得格外有力，他轻轻抱着母亲，却感到母亲在他怀里颤抖不已。

盛田昭夫把盛田正明送上了火车，他俩都哭了。盛田正明参加了海军飞行训练，幸运的是他还在训练初期阶段时战争就结束了。三兄弟经常同时在海军的飞机上飞行。他们试图制造一种热跟踪武器，为了进行试验，盛田昭夫经常带着试验仪器乘坐夜间飞机。他的同事教他开飞机，当然不是正式的。

有一段时间里，母亲对他们在战争中能活下来已不抱希望。幸运的是他们三兄弟居然安然无恙，而且连受伤都没碰上。

对美国的战争是一个悲剧，它使大部分日本人感到震惊，尽管宣传媒体全都指责西方国家联合攻击日本。在 20 世纪二三十年代时，盛田昭夫还是个孩子，当然不懂那时发生的政治事件。

不管什么时候，父亲与他的朋友聚会，他们都会谈到时局的危险。他们是商人，他们的思想比法西斯分子开明得多，但他们也无可奈何，在公众场合只有保持沉默。

学校里的年轻人只知道相信当局的话，那时的新闻是有倾向的。日本侵略中国的行为被加以美化。有些人听说了攻击中国城市的传闻，还有在南京发生的事，盛田昭夫相信父亲听到的比他说出的多，但是年轻人很少关心这类事情。盛田昭夫知道美国与日本之间的关系正在恶化，但他绝对没有想到过战争。

盛田昭夫自己做了一个与收音机相连的闹钟，把它设定在每天早晨6时叫醒他。

他清楚地记得，1941年12月8日，在美国还是12月7日，他的闹钟自动地打开收音机，他听到广播说日本空军攻击了珍珠港。他大吃一惊。房间里的每一个人都被这条消息惊呆了，他记得当时认为这样做是很危险的。

在街头，高呼万岁的口号声不绝于耳，大阪帝大的学生也排着长队加入游行庆祝的队伍，向陆海军捐款献物的狂热分子随处可见。报纸上，军事记者不断发表自己随意加以夸大的文章，就连大本营和海军军令部、陆军参谋本部的人员也同样沉醉于自以为是的所谓"强国"梦中。

在日本全国上下陷入一片狂热之中的时候，作为联合舰队司令的山本五十六，在日本的声誉也达到高峰。

就在盛田昭夫收听到日本突袭珍珠港、日本全国沉醉于"强国"梦的时候，美国国会当天通过决定，向日本宣战。

罗斯福总统在国会上发表了对日宣战的演说：

　　昨天，1941年12月7日，将成为我国的国耻日。美利坚合众国遭到了日本帝国海、空军有预谋的突然袭击。日本昨天对夏威夷群岛的袭击，给美国海、陆军造成了严重的破坏。我遗憾地告诉你们：许许多多美国人被炸死。

昨天，日本政府还发动了对马来西亚的袭击；昨夜日本部队袭击了香港；昨夜日本部队袭击了关岛；昨夜日本部队袭击了菲律宾群岛；昨夜日本部队袭击了威克岛；昨夜日本部队袭击了中途岛。

这样，日本就在整个太平洋区域发动了全面的突然袭击。昨天和今天的情况已说明了事实的真相。美国人民已经清楚地了解到这是关系我国存亡安危的问题。

作为海、陆军总司令，我已指令采取一切手段进行防御。我们将永远记住对我们这次袭击的性质。无论需要多长时间去击败这次预谋的侵略，美国人民正义在手，有力量夺取彻底的胜利。

我保证我们将完全确保我们的安全，确保我们永不再受到这种背信弃义行为的危害，我相信这话说出了国会和人民的意志。

大敌当前。我国人民、领土和利益正处于极度危险的状态，我们决不可闭目无视。我们相信我们的军队，我们的人民有无比坚定的决心，因此，胜利必定属于我们。愿上帝保佑我们。

我要求国会宣布：由于日本在 1941 年 12 月 7 日星期天对我国无故进行卑鄙的袭击，美国同日本已经处于战争状态！

盛田昭夫当然没有听到罗斯福总统的声音，那天上午他听到的是天皇发布的《宣战诏书》。享有天佑、践万世一系皇祚之大日本帝国天皇昭示忠诚勇武之众：

朕今向美国及英国宣战。朕希望陆海军将兵奋其全力从事交战；朕希望百官励精奉职；朕希望众庶各尽其本分，以期举亿兆一心之全国总力，达到征战之目的，期无失算……

盛田昭夫从小到大，一直相信西方的技术高人一筹，例如，那时只有在美国才能买到金属真空管，而在日本没有任何同类产品。盛田昭夫自己就买过美国无线电公司的真空管做过试验。由于通过电影和汽车、留声机等产品，还有他叔叔了解到美国的技术，所以盛田昭夫认为大错已经铸成。

但是在珍珠港事件以后的几个星期，报纸上一直在刊登日本军队节节胜利的大好消息，日本军队打沉了两艘以前认为是不可战胜的英国主力战舰"查尔斯王子号"与"雷普尔斯号"；日本军队还占领了菲律宾和香港。

这一切都发生在12月份，盛田昭夫开始想，日本军队的实力比自己认为的更加强大。战争一旦开始，广大公众，也包括盛田昭夫的父母，都相信除了为战争共同努力之外没有其他变通的办法。

报纸上连篇累牍登载着美国对日本施加压力的新闻，诸如歧视日本人的移民法，要求日本撤离中国，而中国东北地区正是反对共产主义的缓冲地带。到处都可以听到这样的叫嚣，赤祸对日本是危险的威胁，只有法西斯主义才能保护日本，使之免受其害。

军国主义的政府所做的每件事看上去都像是天皇的御旨，他们强迫大人和孩子做一些匪夷所思的事情。一个学校的校长在背诵《教育敕令》时发生了一点错误，就要自杀赎罪。

警察和特警四处巡视，只要他们怀疑一个人有一点不忠诚、不顺从或者不恭敬，就将其逮捕。当电车经过东京皇居周围的时候，售票员必须及时通告，每个乘客都要行鞠躬礼。学校的学生要对写有天皇圣训的随身携带的神龛鞠躬。

这些都是军方用来控制国家的办法，而普通人能做的只有顺从。

对这些做法怀有不满之心的人其实不少，但是要想表示出来却很难，也很危险。反抗者被送进特殊的"教化营"中，如果再顽固不化，就会被迫去干最卑贱的苦役。

所有的左翼人士和共产主义者都被管制起来并关进监狱。

4个月的军事训练结束后，盛田昭夫得到了中尉军衔，并奉命返回横须贺的光学部。

一个简短的命令，他被调去帮助监督一个特殊小组，它已经疏散到了乡下，在那里研制热引导武器和夜视瞄准器。他们的基地设在镰仓南边的一个小镇，正对着相模湾。他们的组长是一名大佐，组员中有一些高级军官，加上两三名和盛田昭夫一样的中尉和几名少尉。

一位年长的中尉当值勤军官，相当于总务长，那就是盛田昭夫。如果在舰上，盛田昭夫应该是甲板值勤军官。他必须处理生活中的所有琐事，包括为小组提供食品，尽管他担负着这样的工作，但是身处乡间的环境，还是令人心旷神怡。

他们的工作站是一所西式房屋，表面用灰泥装饰，还附有一个庭院花园。电影厂常把这里作为西式背景使用。房子建在海滩上面的悬崖脚下，盛田昭夫在附近的一家旅馆里开了一个房间，那个旅馆已被海军租用，作为军官宿舍。

每天早晨，盛田昭夫沿着海滩从旅馆走到工作站去上班。那时美国的B-29轰炸机几乎每天都要携带燃烧弹和高爆炸弹轰炸东京、川崎和横滨，回来的路上正好从他们那里经过，但是海滩上有时却像度假胜地一样安宁，看上去有些不协调。

虽然盛田昭夫还年轻，但在家里他已经受过大量的管理训练，所以他可以照看全组人的生活。小组的食品短缺，他们不得不想办法来进行补充。盛田昭夫手下有一个非常聪明的少尉，他与一个鱼店老板交上了朋友，这个老板经常到海滩上来。作为海军，他们配给了一点米酒，米酒当时是很紧缺的，于是他们用米酒换取新鲜的鱼。

但这还是不能满足年轻人的食量，盛田昭夫想出了另一个主意。他利用军邮给家里发了一封信，让他们寄一桶酱油和一桶豆酱来，上面注明"供海军使用"。当时盛田公司正在为陆军生产脱水豆酱，日本人生产这种东西并不需要更多的原料，只要有酱汤就行了，公司还为海军生产一些酒精制品。这样的货物看起来没有什么奇怪的。

这是盛田昭夫做的一件违反规定的事，虽然他明知违反了规定，但是当时他们只有想些办法才能生存下去。而且如果有人追究，盛田昭夫也可以成功地为自己辩护。

豆酱和酱油运到后，他们把它藏到地下室里。只要一有鱼，他们就用这宝贵的贮藏品交换。用这种办法，使得小组的人都吃得饱一点，在困难的环境中得到快乐。

盛田昭夫在一个特别项目组服役，这个小组由陆军、海军和非军方的研究者组成，工作是开发热搜寻装置。为了这个，需要大胆而又富有创造性思维的任务，他们集中智慧迎接挑战。

他们组里的一位非军方代表是一个出色的电子工程师井深大，当时他自己开了一家公司。他是注定对盛田昭夫的人生起巨大影响的人物。井深大比盛田昭夫大 13 岁，但是他却与盛田昭夫结下了忘年交，成为同事与合作者，以及后来创建索尼公司的共同奠基人。

成为这个研制小组的一名成员对于盛田昭夫来说是令人兴奋的。虽然他年轻气盛，但是他却习惯与长者为伍。他们聚会在一起，搞一个超前时代的项目。小组的成员在一起的时间不短，大家彼此非常了解，但是对热搜寻装置的研究却没有什么进展。

美国的响尾蛇导弹就是他们当时想要制造的那种装置，但是直至战后它才问世。

那时盛田昭夫只不过是刚刚从大学毕业的学生，但是在开联席会议时他会遇到著名的教授和陆军军官，他们会在桌子对面倾身问道：

"对于这一点海军是什么意见？"

对这样的问题盛田昭夫必须尽可能严肃地回答："嗯，先生们，海军的看法是……"

在这种时刻盛田昭夫会由衷地感谢父亲的训练。

井深大先生对小组作出了重大的贡献。他原来在自己的日本测定器公司里设计出一种大功率放大器，它通过检测地磁场的扰动可以探测到水下 30 米处的潜水艇。这种装置悬挂在飞机的下面，其中的核心部分就是井深大先生的放大器，它的能力足以探测到非常微弱的信号并把它的频率从 1Hz 至 2Hz 变到易于察觉的 600Hz。

盛田昭夫听说在对这种仪器进行全面试验时，曾在台湾附近侦察到 26 艘潜水艇，但是在实战中为时已晚，当这种仪器准备好了的时候，已经没有足够的飞机来配置这种仪器了。日本丧失了制空权，美国军队正在逼近日本本土，他们攻打南部的一系列岛屿，每天的轰炸摧毁了日本的飞机工厂。

随着时间的推移，对东京和川崎、横滨所有的工业、军事区域的空袭日益频繁，日本的军港在三浦半岛上，这些被炸区域就在盛田昭夫工作地点的北边。不管什么时候发生空袭，他们周围都会响起警报，虽然他们从来没有挨过炸，但还是要受到惊吓。

对盛田昭夫来说，他们的房子正好在悬崖下面，很难被炸弹炸到，另外，也没有人会来炸他们。谁会想到去轰炸悬崖呢？他们并不是行动的军事力量，美国人根本不知道他们的存在。

这不是从军事上考虑，而是从逻辑上来考虑的。即使挨了炸，那也是偶然的。于是盛田昭夫把所有的人都召集过来，和大家分析他的想法。

盛田昭夫对大家说："根据海军条例，无论什么时候响起警报，我们都应该起来，穿上军服，按着指令到位。但是我们的位置看起来不可能遭到轰炸，所以以后即使响起警报我也不想叫醒大家。"

其他的人似乎都喜欢这个做法。

"另一方面，"他又警告大家说，"如果有炸弹落到这里，我们也无可奈何，大家都完了。"

同事们都乐意地接受了盛田昭夫的推断。为了做表率，盛田昭夫搬出了旅馆，非常戏剧性地把仪器都搬到工作站的二楼。不管怎么说，这是一个勇敢的行动。盛田昭夫觉得美国人没有任何理由轰炸一个像他们这样的地方。

最后，他们在那里再也没有做任何真正重要的研究，与其每次警报响时都起来，第二天又由于缺乏睡眠而精神疲惫，还不如蒙头睡大觉。

清理战争的废墟

1942 年 4 月 18 日，由詹姆斯·杜利特尔中校指挥的美国 B－25 轰炸机群对东京、横滨、名古屋和神户进行了轰炸。这次异常危险的作战行动旨在鼓舞美国人的士气，给日方造成的损失甚微，但对日本当权者的心理冲击却是巨大的。

这种陆用 B－25 双引擎中型轰炸机由起重机吊到"大黄蜂号"航空母舰上，在波涛汹涌的大海上冒险起飞，直奔 1000 千米之外的目标。这是陆军飞机第一次从航空母舰上起飞，每次起飞的成功都是一个奇迹。

完成低空投放炸弹的任务之后，13 架飞机按预定计划降落在中国国民党军队控制的机场上。一架飞机在符拉迪沃斯托克附近的苏联领土上降落，机上人员被苏联当局扣留，其他几架飞机燃料耗尽，不得不在中国的日本占领区迫降，8 名美国飞行员被日军俘虏，日军逼迫他们提供有价值的情报。

詹姆斯·杜利特尔的 B－25 空袭证明：天皇本人也处于空中报复的威胁之中。这时即将举行庆祝天皇 41 周年诞辰的盛大阅兵式，于是连连召开高级官员会议，商量在阅兵式进行中出现空袭警报该怎么办？

在 1945 年的 7 月和 8 月中，几乎每天每夜都有对东京和横滨地区的空袭。盛田昭夫他们可以看到银色的 B－29 飞机在轰炸内地之后从头顶上飞过，附近的高射排炮向它们开火。有时从窗口可以看到 B－29 被击落，掉到海里去。曳光弹划过天空，弹片撒向大地。空袭时可以感觉到地面在颤抖。

1945 年 7 月 26 日，波茨坦会议通过美、英、中三国联合宣言，这是对日本的最后通牒。

宣言声称：

我们无意使日本民族遭受奴役，也无意灭亡其国家，但战犯将受到严惩，特别是那些残酷虐待我方战俘的人。战后日本政府应排除一切障碍，复兴和加强日本人民的民主倾向，实行言论、宗教和思想自由，尊重最基本的人权……

但是日本的战争狂人对《波茨坦宣言》不屑一顾，叫嚣要把战争进行到底！

杜鲁门又等了一个多星期，没听到东京的任何回音。

1945 年 8 月 6 日 8 时 15 分，两架 B－29 轰炸机出现在广岛上空。人们对 B－29 已司空见惯，以为这是例行侦察，许多人甚至没有打算躲进防空洞。

前面一架飞机打开舱门，用降落伞投下人类历史上的第一颗原子弹。

突然之间，广岛这个美丽的港口城市一下子从地球上消失了——一道强光从人们眼前闪过，接着，一个中心气温高达 1 亿度的火球腾空而起。爆炸中心的人群和牲畜，被原子弹彻底毁灭，被毁灭的人，只是在人行道上或石墙上留下了一个个依稀的轮廓。

距离爆炸中心投影点 4000 米的地方，热力仍能灼伤皮肤。数以千计的女人身上的衣服，深色的部分全部被烧毁，浅色的部分则完整无缺。从光学常识判断，深色的衣服吸收的光要比浅色的衣服多得多。黑色会吸收所有的光，而白色几乎不吸收光。因此，她们身上的皮肤，就跟和服的花纹一模一样。

热浪过后，是狂飙似的气浪，在爆炸中心投影点周围方圆 13 平方千米范围内，所有的建筑物不是被大火焚毁，就是被爆炸后形成的气浪推倒。

爆炸几分钟后，下了一场雨点大如弹子的黑色"原子雨"。原子雨过后，刮起了飓风。由于原子弹爆炸后形成了真空，飓风从四面八方吹回中心……

B–29 轰炸机驾驶员正在返航，他们远远地看到一团蘑菇云从广岛升起。却不知道在这朵蘑菇云升腾之际，广岛的 15 万市民和军人永远从地球上消失了。

正在日本陷入一片恐慌之际，杜鲁门总统就原子弹爆炸之事发表了风格怪异的声明：

这个太阳从中获取能量的源泉，现在可以使日升之国化为一片黑暗。在这个国家的皇位宝座上坐着一个太阳之神——天照大神的嫡传子孙！

关于爆炸的详细报告下午才送到东京，日军大本营立即明白发生了什么事，日本在核武器研究方面的进展，已足够使日军军事指挥官们知道这是一枚什么样的炸弹。

军部将炸弹的性质告诉了天皇裕仁。

天皇和他的内阁闻讯后再次陷入麻木状态，整整一天过去了，他们没有想到任何结束战争的办法。盟国的忍耐总是有限度的，8 月 9 日凌晨，苏联对日宣战，苏军远东总部司令华西列夫斯基元帅率领苏联红军在 4400 千米的中苏边境线上，向日军发起强大攻势，日本精锐部队关东军遭到毁灭性打击。

与此同时，美国的第二颗原子弹落在长崎，蘑菇云又一次冉冉升起，当这朵美丽的云彩飘散后，长崎瞬间沦为废墟，昔日繁华的街市化为焦土，20 万生灵涂炭……

当广岛原子弹爆炸这个令人难以置信的消息传来时，盛田昭夫正在与海军同僚共进午餐。情报非常简短，甚至没有谈到到底投的是什么种类的炸弹。但是对于一名离开学校不久而且还获得过物理学学位的技术军官而言，盛田昭夫知道这是一种什么样的炸弹，它对日本和自己意味着什么。

尽管日本以前从未战败过，但前景已经十分明了。而有一个青年人却为此感到乐观。从那一时刻起，盛田昭夫在内心里对自己的将来有了信心。

几个月以来，盛田昭夫一直认为日本将会战败，继续打下去是徒劳无功的。同时他也知道，军方想战到最后的一兵一卒。当时盛田昭夫年仅 24 岁，获得了大阪帝国大学的学位，正在军中与一些科学家和工程师组成一个纪律严明的小组，试图完善热引导武器和夜视瞄准器。

军方希望日本的技术能够扭转战争的趋势，他们仍在努力地工作，但是他们知道为时已晚，他们的计划不可能成功。他们不仅缺乏资源，还缺乏时间。

广岛事件发生后，盛田昭夫认为他们的时间已经用完了。

盛田昭夫不像当时的那些平民受到警察和军方的严密监视和控制，他可以接触到海军的情报，可以收听短波广播，尽管一个海军军官在不当班时这样做是违法的。他在 1945 年 8 月 6 日之前就知道美国的军事力量占有压倒优势，日本肯定会输掉这场战争。

但盛田昭夫没有想到的是，日本竟会遭到原子弹的攻击。原子弹使每个人都大吃一惊。

在那个炎热、潮湿的夏日，人们无从知道扔下来的那颗原子弹有多么可怕。盛田昭夫在军营餐桌上得到的那份新闻通报只说扔下的炸弹是"一种新型武器，它发出强烈的光，照耀大地"。这些描述足以使盛田昭夫得知这肯定是一种原子武器。

实际上，日本军方在相当长的时间里封锁了广岛事件的详细消息，而且一些军官拒绝相信美国人已经拥有了这种武器。

日本所掌握的理论知识还不足以预测到这种武器的毁坏能力，从而判断出它会使多少人失去生命，然而盛田昭夫曾见到过常规轰炸的后果。

其实3月9日的深夜至3月10日的凌晨，一批又一批的B-29轰炸机扔下大量的燃烧弹，几个小时之内烧死了10万人，当时盛田昭夫正在东京。他也见过自己的家乡名古屋遭到大轰炸后的可怕场景。

1945年，日本的大部分主要工业城市，除了京都之外，都被炸为废墟，成千上万日本人家园的土地上都堆满了烧黑的尸体。盛田昭夫不可能想象原子弹还能够制造出更加可怕的场面。

原子弹是8月6日上午8时15分投下的，但盛田昭夫他们直至8月7日才得知这个消息。盛田昭夫对广岛原子弹的反应是一个科学家的反应。坐在餐桌旁，面对在战时的日本可以说是相当奢侈的午餐，盛田昭夫一点也不想吃饭。

他看着同事们，对餐桌上的每个人说："我们最好是现在就中止我们的研究。如果美国人能够造出原子弹，那只能说明我们在各个领域都差得太远，无法赶上去。"

为了这件事，他的上司对他非常恼火。

盛田昭夫早就知道原子能的潜在威力，但他认为至少还要花20年的时间才能研制出原子弹来，所以一旦意识到美国人已经造出了这种炸弹，确实令人大吃一惊。很明显，既然美国人已经领先了这么远，那么相比之下，他们的技术就是原始落后的了。他们不可能再设计出什么新的武器与之匹敌。

盛田昭夫想象不出日本还能在短时间内造出什么样的新型武器或者防御设施来与这种炸弹对抗。广岛事件的消息对于他来说真是有点难以置信，它表明技术上的差距是巨大的。

虽然盛田昭夫知道美国技术与日本技术之间有差别，但是他一直认为日本的技术还是相当好的。在此以前的确如此，何况他们还在继续不断地试图从别的地方得到新的思路。例如说，有一次他们从一架击落的 B－29 轰炸机上找到一台毁坏的设备，从而了解到美国人使用了先进的技术和不同的电路，但是也并不比日本的好多少，这更增加了他们的信心。

正是因为这些原因，当盛田昭夫刚一听说广岛遭到原子弹袭击时，他猛然间就意识到美国的工业能力远远地超出了他们的想象，对日本有着压倒性的优势。日本的许多有识之士，包括盛田昭夫自己，都应该对此早有准备。

在 1945 年的 8 月，当盛田昭夫意识到日本的前途和他个人的命运都将发生巨变时，他感觉到焦急不安。他对自己的将来进行了长时间的思索。他和其他军官一样，请假回家去探望家属。

在盛田昭夫请假回家处理名古屋事务的过程中，美国的第二颗原子弹落在长崎。

1945 年 8 月 9 日凌晨，苏联实行对日作战。在远东军队总司令华西列夫斯基元帅指挥下，苏联红军百万雄师以迅雷不及掩耳的凌厉攻势，从各个方面突入中国东北的中苏边界，对日本关东军发起全线总攻击。

与此同时，中国抗日战争的各个战场，也向日军发起了总反攻。自从第二次世界大战的整个战局发生根本的转折以来，中国人民的抗日战争也由战略相持阶段转入战略反攻阶段。

1945 年 8 月 10 日，日本内阁终于确定了接受《波茨坦宣言》的日本政府的正式照会，所有内阁成员都在照会上签了字。几小时后，电报发往日本驻伯尔尼和斯德哥尔摩大使馆，从那里转发到华盛顿、伦敦、莫斯科和重庆。

电文如下：

　　日本政府准备接受 1945 年 7 月 26 日由美、英、中三国首脑在波茨坦发表的，后由苏联政府参加签署的联合声明所提出的所有条款，如果该声明不包括任何有损于天皇陛下作为日本最高统治者的特权的要求。

同一天，美国政府收听到了日本接受《波乔坦公告》的广播。随即征询英、苏、中三方意见，发表了一道复文：

　　自投降之时起，日本天皇必须听命于美国最高司令官……日本政府之最后形式，将依日本人民自身表示之意愿确定之。

然而所有这一切，包括日本准备投降的决定，公众还一无所知。日本政府还不知道以何种方式向人民宣布政府的决定。直至美国 B－29 轰炸机在继续轰炸的同时，撒下用日文印制的盟国照会全文的传单，盛田昭夫才知道战争马上就要结束了。

当初是一名军官说服了盛田昭夫从大学里报名加入海军，为的是可以参加一个项目，这样他就可以继续学习，还可以避免远离本土几千千米去参加毫无用处的海战，白白牺牲自己的生命。自从广岛和长崎遭到原子弹袭击之后，盛田昭夫比以往更加坚信，日本应该为了它的将来，尽可能多地挽救各类人才。

第二次世界大战以日本战败告终。而日本的战败是有其深刻的历史根源的。封建性和军事性的结合，是日本近代资本主义的基本特征。

由于经济发展的滞后性，日本的资本主义一诞生，就奉行"殖产兴业""富国强兵"的政策。为迅速获得发展所必需的资本积累和尽快实现工业化，为避免沦为欧美列强的殖民地，进而攫取海外原料市场，它在对内残酷剥削的同时，对外不断发动侵略战争，走上了一条以侵略和战争为动力发展经济的道路。

通过获得割地、赔款和建立殖民地，日本经济实力迅速膨胀，不仅在40年的时间里完成了工业革命和工业化，奠定了重化工业的基础，而且在经济发展速度和对外出口方面超过了老牌资本主义国家。但是，畸形的经济发展是不可能持久的。

由于过度发展为侵略战争服务的军事工业，扰乱了日本正常的工业发展秩序，最终形成只有依赖从外部进口重要机器设备和原材料，才能维持其工业正常运转的局面。侵略战争的非正义性和畸形经济的不稳定性，导致日本封建军事经济的崩溃。

第二次世界大战结束后，日本整个岛国成了一片战争的废墟。

参与处理战后事宜

日本投降后，世界格局发生了变化。

天皇在此以前从来没有直接对他的臣民说过话，现在他出来告诉大家，今后的日子是艰难的。他还说，日本人民可以"为万代后世铺平通往和平之坦途"，为此他们必须"忍耐无法忍耐之痛苦"。他希望日本向前看，他说："聚集全部之力量贡献于建设未来。"他还要求国家"保持与世界共同进步"，这是一个挑战。

盛田昭夫知道他的义务是回到工作站去完成要求他做的事情。虽然大家都知道战争已经结束了，但是没人知道今后会发生什么事情。他们中的非军方人员还很年轻，其中不少的人还是女青年。因为盛田昭夫是值班军官，所以他应该对他们负责，思之再三，看来还是尽早地送他们回家较为妥当。

盛田昭夫不知道在这个艰难时期，他这么做会受到什么处罚，也不知道会不会有人把他们都抓起来丢进监狱。

盛田昭夫对母亲说："无论发生什么事，我都必须回去。"

盛田昭夫想，如果汽车和火车都不开了，那么要返回基地就可能要三天的时间。他觉得，大部分的地区交通都会停止运行，所以自己必须搭乘便车回去。那样的话，食物在路上是不好弄到的。为此，盛田昭夫让母亲替自己准备一点路上吃的东西。

于是，母亲为他做了很多饭团子，然后包起来，这样盛田昭夫就可以把它们装到背包里。

盛田昭夫骑着一辆借来的自行车来到七八千米以外的火车站，由于他是一名军官，所以很容易就买到一张夜车的车票。

他坐在候车室里等待，以为要等一个通宵，但出人意料的是火车竟然准点到达，日本人在战时也保持着守时的传统。车上的旅客很少，车厢里打扫得整洁、舒适，他一路顺风地返回了工作站。结果准备吃 3 天的饭团还剩了不少。

盛田昭夫的任务比他想象的要容易一些。虽然他没有亲眼看到，但是当时的日本的确到处都是一片恐惧和混乱，正如他所预料的，一些军人企图阻止投降，例如一名叫小野的海军大佐和一批空军军官召集他们的士兵，告诉他们投降就是叛变。

那个地区的好几个空军部队威胁要在美国舰队进入东京湾接受投降时发起自杀攻击，军事事务局立即采取了防范措施，命令所有的飞机解除武装，并将油箱排空。

一些少壮军官曾计划占领皇宫，以此来鼓励其他军人加入他们的行动反对投降。有一小批暴乱者攻击了首相官邸，铃木首相稍加思索后，从一个紧急出口逃出了他的私宅。

暴乱者想搜查掌玺大臣矶多侯爵，但是他当时安全地躲在皇宫中。有些陆军和海军的飞行员甚至驾机从东京地区上空飞过，散发传单，向市民呼吁抵抗，声称天皇的公告是无效的。

陆军的一些军官以自杀的方式抗议投降，因为从技术上讲，尽管军队的伤亡惨重，战争中阵亡的日本陆、海、空三军将士不下 200 多万人，但是军队还没有被打垮。直至最后，军人中的那些狂热分子也只好在不可回避的事实面前低头，去"忍耐无法忍耐之痛苦"。

8 月 16 日盛田昭夫回到工作站，他的同事惊奇地看着他，特别是那个威胁过他而又被他奚落过的中尉。所有人看来都处在一种茫然不知所措的状态中。

大量的日本士兵很快就从日本各地的基地赶回家去，火车和汽车越来越拥挤。他们中的很多人都不太容易理解为什么要投降。战场上的大多数日本军队还没有被打垮，稀疏地分布在亚洲各地。但在雷特、依华岛、塞班岛和冲绳的一连串惨败，美国对本岛的空中优势以及使用原子武器已足以证明战争不可能打赢。

广岛投下原子弹以后，苏联又对日宣战，在日本国内引起巨大的恐慌，人们都很担心这个以前的假想敌人会在日本处于劣势的时候乘机占领日本。苏联占领了库页岛以及北海道北边的 4 个岛屿，其中最近的一个在日本本岛的视野以内。

在战争结束时，很多在中国东北的日本家庭妻离子散。中国人收养了很多日本侨民的孤儿。在某些情况下，无法逃走的日本父母亲说服了中国人的家庭收养他们的孩子并保护他们。

对于大多数日本人而言，战争的结束是一个很大的解脱，但同时也是民族的悲剧。日本的报纸在美军占领初期登载了一些描述占领者的文章，令人惊奇。例如《读卖新闻》是这样描述一批美国海军航空兵的：

> 非常随和，和蔼可亲；不管是在讲话还是在行为中都没有表现出胜利的骄傲。从今以后，日本人在与美国占领军接触时都应该非常注意这种和蔼可亲的态度。

有些日本人甚至为美国占领军的到来举杯庆贺，但是大多数人看到他们有时还是有点反感和怀疑。

当时盛田昭夫所在的部队没有接到命令。他们只好等了几天，每天除了喝酒，没有别的事情可干。接到的第一个命令是让他们将重要文件烧毁。盛田昭夫烧掉了所有的个人文件，包括全部的报告和试验数据，还有他的几个私人笔记的记录本。

后来又接到一个命令，让他们保留一些特殊种类的资料，但是太晚了，所有的东西都随着烟雾一去不复返了。因为谁也不知道美国人会怎样处置被征服的日本人，所以当时全日本有很多人都把他们的记录烧毁了，也不管美国人会不会寻找犯罪的证据或者什么别的东西。

报社烧掉了照片文档，一些公司毁掉了记录资料，其实这些都是没有必要的。还有一些人把家里的重要文件和记录埋到花园里。

盛田昭夫所在的部队还接到命令，要破坏所有的重要机器，但是盛田昭夫他们没有任何特殊的机器，他们甚至连武器也没有。最后一个命令是授权给盛田昭夫本人的：将工作人员遣散回家。

这正是盛田昭夫在等待的命令，但是说得容易做起来却很困难。缺少车辆来运送普通的工人，这些人的家分散得很广，搬到离原来的地方很远的遣散区去了。盛田昭夫必须计划好，怎样才能使这些人很快起程。

盛田昭夫他们意识到办公室家具和实验室设备是有价值的，在物资紧缺年代甚至比钱更加有用。他们已经接到命令要把这些东西毁掉。在一些部队里，有人把这些财产拿回家，到黑市上变卖。

从这些谋取私利的人身上，盛田昭夫他们得到启发，他们与当地最大的卡车运输公司洽谈，把用于试验的蓄电池给他们，他们把盛田昭夫等人的行李送回家。那家公司的卡车急需配备蓄电池，所以他们乐于交换。盛田昭夫他们又加上了一些办公室的设备、柜子和办公桌。

火车站站长也很高兴地要了一些旧家具，作为交换，他为盛田昭夫他们中的非军方人员提供了大部分的直达火车票和行李运输。

盛田昭夫先将高中学生和年轻的妇女送回家。有谣言说，海军军官会被定为战争罪犯，非军方人员可能被逮捕。盛田昭夫认为这是不太可能的，也不符合逻辑，因为他们几乎没有与美国人交战。但是这种恐惧在混乱的局势下是很典型的。

从安全方面着想，盛田昭夫相信最好还是让他们的人赶快回家。

盛田昭夫他们完全不知道美国军队会有什么行为，所有妇女们还是先回家去。战争中缺乏工程人员，他们部队来了一批高中理科三年级的学生，他们大约只有 20 岁。

盛田昭夫也想先把这批孩子送回家。但是其中有两个已经无家可归，因为他们的父母住在朝鲜或是满洲，所以盛田昭夫只好让他们暂时到自己家去。

所有的姑娘和小伙子都被送回家了，再也没有什么事情要做的了。他们有一架望远镜，可以观看到那些美国军舰源源不断地开进相模湾来，他们准备去东京湾参加在美国军舰密苏里号上举行的投降文件签署仪式。仿佛整个美国海军都涌入了他们面前的这个海湾。

盛田昭夫很想离开。最后时机终于来到，他乘第一趟火车赶回家去。这次团聚的人真多，因为他的两个弟弟几乎也在同一时间回到家中。他们弟兄三个都活下来了，而且没有受伤，父亲和母亲都非常高兴。他们都尽到了自己的职责，又安全地回到家里。

战争时期，军方利用了日本人执着的性格，他们总是用自愿的方式发起运动，就像在盛田昭夫的弟弟他们班上那样。很多热血青年在这种氛围中都自愿参加。虽然当年很多神风敢死队员由于没能参加最后的拼命而十分沮丧，但后来他们都很庆幸那时失去了机会而留下了性命。

战后，天皇作为国家的象征在全国各地巡视，对国民发表演讲。他改变了以往神的形象，像一个令人尊敬的父亲，日本人开始恢复正常的平静心情。对于很多人来说，现在战争已经结束了，仿佛遭受了一场巨大的自然灾害。

在大阪、名古屋和东京这些城市的市区只剩下了一些坚固的混凝土或石材建筑物。B－29 轰炸机群扔下了雨点似的大量燃烧弹，脆弱的、用木料和纸做成的房屋、商店、工厂像火绒一样被烧得一干二净。穿过居民区的防火道本来是为了用来限制损失区域，但是在风的作用下余烬乱飞，所以也就不起作用了。

在东京，战前 700 万人口中的一小半在轰炸开始之后还留在城里。大约 400 万人已经迁到乡下或者其他小城镇去了。这场灾难比1923 年的关东大地震更加严重，但是大火引起的损失是一样的，所以有些东京人在他们的一生中亲眼目睹了这座城市被毁灭了两次。

东京城里只有 10% 的电车在运行。公共汽车也只剩 60 辆还可以开，再加上一小部分别的轿车和卡车。液体燃料用完后，这些车的大部分都改成了烧焦炭和木柴。

疾病蔓延，结核率在一些地区高达 22%。医院里什么都缺，甚至没有绷带、药棉和消毒剂。商店里的货架上空空如也，或者放着一些卖不出去的废物，像什么提琴弓和没有网子的球拍等。一些剧院和电影院还开着门，放映电影，人们没有事情可干，也没有什么地方可去，他们挤到这里来寻求几个小时的开心。

盛田家算是幸运的，在战争中没有死一个人，名古屋的公司办公室和工厂也没有受到破坏，甚至家里的房子在轰炸中也没有遭受大的损失。全家团聚，大家松了一口气之后不久，他们开始议论今后的打算，盛田昭夫是家里的长子，所以全家对他的打算特别重视。

盛田昭夫父亲的身体依然很健康，而且仍在担负着公司的业务，这样的情况下其实并不需要盛田昭夫留在盛田公司里。在战争期间，公司继续营运，生产干粉豆酱和酒精，所以公司的业务从未中断。

盛田昭夫在家时提出过一些建议，对工厂进行改善，但也并不直接需要他留在厂里。父亲身边有足够的管理和业务人员。另外，盛田昭夫还只有 24 岁，所以每个人都同意，盛田昭夫目前还不需要到公司里来。

在家的最初几个星期里，盛田昭夫接到了一位教授的一封信，他就是那位在高等学校里曾给过盛田昭夫良好教益的物理老师。

在信中他告诉盛田昭夫，他已经到了东京工业大学物理系，正在帮助创立一个特别的学校，专门招收那些因为战争而中断了学业的理科学生。他现在的问题是缺少教师，他急切地希望盛田昭夫能够去他那里当教师。

盛田昭夫认为这是一个好主意，因为这样一来他可以继续搞物理，还可以到东京去。既然海军和日本的全部军事编制都已经废除了，盛田昭夫希望在那里可以找到其他的有兴趣的工作。

父母亲都同意他去教书，幸运的是当他还在家时，他试着与井深大保持联系，就是那位和他一起搞过研究项目的杰出工程师。当时井深大在东京开了一家新的实验室。

盛田昭夫到东京去接受了教书的工作。东京城西一带在轰炸中遭到的毁坏比市中心要少一些，盛田昭夫在城西的一个朋友家中安顿下来后就连忙赶去看井深大。井深大的新公司总部在一个破乱不堪的百货店里，看上去令人伤心。但是井深大的脸上却热情洋溢，在没人知道自己命运的这种时候，他和他的雇员们为有工作可干而感到高兴。

因为盛田昭夫知道井深大难以支付工资，所以他提出一个想法，他可以一边教书一边在他的公司里干活。这样井深大就不必付给他太多的钱，盛田昭夫还可以从教书中得到一份工资，双方都可以过得去。

井深大和盛田昭夫长时间地交谈，商量如何开办他们自己的公司，其实他们从第一次见面后就一直在思考这个问题。1946 年 3 月他们最后决定，一旦完成全部细节后，他们就来办这件事。

就这样，盛田昭夫一边在大学里当老师，一边在井深大这里当研究员，计划成立他们自己的公司。他们两人都清楚，在正式成立他们自己的公司之前还有一个微妙的问题必须加以考虑，那就是盛田昭夫对自己的家庭所承担的义务。

盛田昭夫在回忆与井深大的关系时说，战争期间的最后几个月里我一直与井深大保持着联系。战争快要结束的时候，他越来越难得到我们的工作站来了，因为他已经把他的工厂转移到长野县去了，在东京的西北边，坐火车要几个小时，当时他在东京的工厂和实验室周围还有很多小工厂，正好是轰炸的目标区域。他到我们的逗子实验室来参加过几次会议，我也去过长野的苹果园，他的新工厂就坐落在那里。有一天在长野，盛田昭夫开始与井深大谈起我们战后的打算，因为我们两个人都从短波广播中意识到战争肯定是会失败的。

这时，井深大还有其他的内部消息。他的岳父是前田多门，他是近卫文麻吕殿下的得力股肱。近卫曾多次出任总理大臣，反对军阀派系，然而他们最后还是在政府中占了上风，使日本陷入战争。前田后来被选为日本战后的第一任文部大臣。但在半年后的一次清洗中，因与战时政府有牵连而被迫辞职。战争快要结束的时候，前田在东京的家遭到轰炸后搬到了休养胜地轻井泽，离长野并不远。井深大经常去那里拜访他。从与前田的谈话中，他了解到了很多外交与军事上的情况。

踏上创业之路

事有机缘，机缘是处处存在的，你应该不放弃任何一个哪怕只有万分之一的可能成功的机会。

—— 盛田昭夫

正式从学校离职

1946年4月，当时前田先生已经退休，不再担任文部大臣了。盛田昭夫和前田，还有井深大一起乘夜晚的火车赶到小铃谷村去，他们准备恳求盛田昭夫的父亲允许盛田昭夫加盟新公司。他们知道让一个准备继承家业的盛田昭夫改行意味着什么，所以他们觉得应该当面向盛田昭夫的父亲表示诚意。

在日本，请别人的儿子，特别是长子，脱离自己的家庭而把他永远地带进一个商业世界，那是一件很慎重的事。在某种情况下就好像是过继一样。

就是现在，在一些行业中，特别是小企业，这种做法也还是要与父母正式商量的。甚至在大公司里，当一个年轻人加入公司这个大家庭时，也要表明其家庭背景、受何人推荐以及对双方的忠诚保证。

这种委托是诚恳的，因为它将贯穿一个人毕生的事业，而不是像在一些流动性更大的国家中那样，只有几年的雇用期。事实上，盛田昭夫等于有了一个新的家庭，担负起新的责任。

见面寒暄之后，井深大和前田先生向盛田昭夫的父亲介绍了新公司的情况以及他们今后的打算，为了这项新事业，他们绝对需要盛田昭夫的加入。话说完后，他们都在紧张地等待盛田昭夫的父亲的回答。

盛田昭夫的父亲对此事好像有所准备。稍加思索后，他说道："我希望盛田昭夫能够继他之后成为户主，也希望盛田昭夫能够继承家业。"

然后，他转向井深大和前田先生说："但是，如果我儿子想做别的事情来发展自己或者充分施展他的才干，那么他应该按自己的想法去做。"

说完后，父亲看着盛田昭夫，脸上露出了微笑。他接着对盛田昭夫说："如果你自己喜欢，就去做你最喜欢做的事吧！"

盛田昭夫非常高兴，井深大更是喜出望外。

盛田昭夫的弟弟当时还在东京的早稻田大学读书，他主动答应在父亲退休以后接管盛田酿酒公司。大家都松了一口气，感到十分欣慰。

回到东京后，盛田昭夫他们凑齐了钱准备成立东京通信工程公司，这笔钱很少，只相当于500美元，或者说刚刚够数。很快他们就把钱用完了，只好经常向盛田昭夫的父亲借贷。

他父亲相信盛田昭夫和他们的公司，从不逼他们还钱。盛田昭夫只好给父亲一些公司的股份，后来他变成了公司的大股东。

虽然盛田昭夫可以从东京工业大学的教书工作中得到另外的收入，但他的心并不在教学上。他很想专心致志地在自己的新公司里工作。

有一天，他高兴地从报上读到一条新闻，意思是占领军当局决定从所有教师中将以前当过职业军人的人清洗出去。

这里面也有盛田昭夫的份，因为他曾经是一名职业技术军官，而且根据他的委任状，他应该在现在已经不存在的日本帝国海军中终身服务。执行占领的联军总部对旧军人的清洗是基于这样一种想法，职业军人是战争中的主要罪犯，他们曾一度控制了政府，所以不能让他们对战后日本的无知儿童再施加不良影响。

对于盛田昭夫而言，这次清洗是个好消息，他可以有一个很好的理由来撤销对大学的承诺，而且还可以回到新公司去一心一意地工作。他去找服部教授，对他表示，虽然自己很喜欢教学工作，但由于这个消息他不能继续留在大学里了。

他到办公室去查看，但是别人告诉他，尚未接到文部省的正式通知，所以不知道应该怎么办。学校里让盛田昭夫继续留任，直至他们接到官方的正式通知为止。

盛田昭夫只好又在学校里教了几个月的书。他很想离开学校，但是又深感有义务帮助他的恩师服部教授，而不能一走了之。等了很久还没有见到有通知来，于是他有了一个大胆的主意。

盛田昭夫把报纸上的文章给校长和田小六先生看，向他表示了他的担心，如果他继续留任而被发现的话，那么校方就会因为"未清洗"受到惩罚。校长考虑了盛田昭夫的意见，最后同意了。就这样盛田昭夫的教书生涯结束了。他向服部教授告辞后，高高兴兴地回到了公司。

几个月过去了，盛田昭夫一直没有得到将他从大学里除名的正式通知，学校里每个月都要打电话来通知他去领取工资，因为他的名字还留在工资单上。虽然他已不再教书，但是为了补偿通货膨胀，每隔两三个月还要给他加一次工资。

这种情况一直延续至1946年10月，文部省终于颁发了对他的清洗令。那些日子里，他们的新公司一分钱也没有赚到，所以能够继续领到一份工资还是很不错的。

1946年8月，白木屋百货店准备重修房屋，他们不准备再给盛田昭夫他们留一个地方了。盛田昭夫等人暂时搬到东京的老城区吉祥寺去，但是那里并不令人满意。最后他们搬到御殿山上的一个非常便宜的、荒废了的木棚屋里去了。御殿山地处东京南郊的品川，曾一度因其美丽的樱花而闻名。

1853年御殿山上曾设有要塞，是东京湾防卫体系的一部分。但是当他们在1947年1月的一个寒冷的日子里搬进那间经过风吹雨打的老房子时，御殿山早已失去了往日的要塞雄姿，周围到处都是战后破败的景象，遍地弹痕累累。

由于房顶漏水，有时他们不得不在办公桌上撑一把雨伞。但是，由于远离闹市，他们在这里更加自在，而且比以前那个百货店里有了更多的空间。

当盛田昭夫的亲戚来看他时，都不禁对这种寒酸相大吃一惊，他们认为盛田昭夫已经成了一个流浪汉，回去如此这般地告诉了他的母亲。

在探索开发一种新的产品时，经常有人向井深大建议制造收音机，因为收音机在日本仍然有很大的需求量，而不是再加个短波接收器就可以满足的。但是井深大坚决地拒绝了这种建议。他的理由是大公司可能很快就会从战争中恢复过来，他们势必将其元件优先用于自己的产品，然后才卖给其他人。

很自然，他们会把最新的技术保留在自己手中，尽可能长久地在与他人的竞争中保持领先地位。井深大和盛田昭夫经常谈到新公司的概念，它应该成为一个具有改革精神的、明智的公司，用精巧的方法生产高技术的新产品。仅仅生产收音机并不是实现这种理想的好主意。

生产磁带录音机

经过商议，盛田昭夫他们对剩下的家庭用具进行了一次并不科学的调查。此时，他们已经卖出了不少的短波接收器，使很多日本人从战争中小心翼翼地保留下来的中波收音机功能大大增强，现在他们意识到人们还有很多的留声机。

在战争期间，新的电动机和磁拾音头是不可能弄到的，很显然，用这些东西对战前或者战时生产的那种老式留声机进行修理、改造还是大有市场的。

新的美国流行摇摆乐和爵士乐随着唱片进入日本，大家都渴望得到。美国人带来了他们的音乐，占领当局兴起了一场运动，向日本人展示美国和美国人的生活方式。占领当局控制了广播电台，学校里又可以重新教英语了，英语广播也得以恢复，而这些在战争期间都是被禁止的。

经过多年的思想禁锢和军事独裁，民主、个人自由和平等的思想重新植入了这片土地。

战后初期，什么东西都很紧缺，每个人都必须到黑市去采购。盛田昭夫所在的新公司，也就是1946年5月7日正式成立的东京通信工程公司，想方设法买了一辆非常破旧的"达特桑"牌小卡车，价钱大约相当于100美元。

整个公司里只有盛田昭夫和井深大这两个最高领导者有驾驶执照，所以他们不得不自己驾车去交货，去买日用品，去为工厂搞原材料。他们要办公，要帮助装车卸车，车开不起来时又要去摇，还要干其他的杂活。

东京街上的景象一片混乱、嘈杂，到处是烟雾和恶臭。汽油短缺，而且价钱非常昂贵。很多轿车、卡车和公共汽车都进行了改造，使用废油、焦炭和其他固体可燃物，包括垃圾和煤粉。战后这些车还在行驶。街上偶尔还出现了驴车。盛田昭夫他们想尽各种合法的和其他办法为他们的卡车搞到汽油。

许多美国兵卖汽油，用管子从他们的吉普车和卡车油箱中往外吸，还有些人干脆整桶地卖。占领当局为了制止这种行为，在汽油中加上红色染料。街上随时设置关卡，警察阻拦车辆，宪兵把一根长玻璃管插进油箱中，一头用手指按住后再抽出来，如果他发现管子中有红颜色，司机就要费一番口舌了。

但是不久他们抓到的人就越来越少了，因为有些聪明的日本人发现用焦炭可以把汽油中的染料滤掉，这样一来，又开创了一种兴旺的新行业，使黑市汽油合法化了。

盛田昭夫他们知道大电气公司对更换零件的生意不感兴趣，他们生产和销售新的留声机。做零件生意肯定不是他们的理想，他们努力的目标是高技术，井深大对眼下的情况很清楚。当时他们制造的新型电动机和拾音头是最好的，正是这些产品才使得公司没有因为财政危机而垮掉。

现金十分紧张，当局为了防止通货膨胀，对银行严加控制，在流通中冻结了大量的现金，这给盛田昭夫他们造成了不少的麻烦。个人和公司从银行中提取现金都有一定的额度。这也正是他们不得不动员每个人都来生产电热毯的初衷，想通过直接销售来多搞点现金。

井深大下决心要生产一种全新的产品，不再是对战前市场上已有的产品加以改造，而是在日本前所未有的，也就是钢丝录音机。他们已经见过德国生产的钢丝录音机的样机，日本的东北大学为了这种机器正在研究一种特殊的钢丝。研究者们在他们的实验室里已经为磁性钢材的开发生产奠定了基础。

井深大打听到住友金属公司可以生产他们公司所需要的钢丝，这是一种直径精确度达到 1/10 毫米的钢丝，不容易制造。井深大去了一趟大阪，与住友公司商谈为新型录音机生产钢丝的事，但他们对他的订货不感兴趣。

井深大的一个朋友叫岛茂雄，他负责日本广播协会的战后重建工程，岛茂雄一直推荐让井深大接这个合同。

日本广播协会的总部离东京市区的麦克阿瑟将军司令部只有 500 米远，当井深大他们制造的那台设备交到日本广播协会总部时，每个人都为它的质量感到惊讶，特别是那个原来持怀疑态度的准将，他弄不懂为什么一个不知名的小厂能在临时工棚中造出这样的高技术产品。大家都来表示祝贺，人人脸上都露出了微笑，将军也非常高兴。

这期间，井深大在广播协会总部的一个办公室里发现了一台美国制造的威尔考克牌磁带录音机，这是他见到的第一台磁带录音机。简要地查看了一番后，他作出了一个决定。他曾试图制造的钢丝录音机不能与这种录音机相比。钢丝录音机有着明显的缺点，尽管其设想不错。

但是哪怕只要看一眼新的录音机，就会知道磁带要容易摆弄多了。磁带不像钢丝，它可以方便地剪接，所以修改部分可以单独录制，再插入到任何需要的地方。在一个较小的卷绕盘上就可以储存大量的磁带。最大的优点是磁带录音的保真度比钢丝好得多。

磁带录音是德国人发明的。事实上，战争中德国人曾经用磁带录制了很多宣传节目，一个小时接一个小时地播放。

安培克斯公司是美国战后最早投入这个行业中生产硬件的几家公司之一，而主要的磁带生产厂家则是明索托矿业和制造公司，现在改称 3M 公司。这项技术在不断地成长和改进。井深大现在正是要自己的公司来生产这种机器，而不再是钢丝录音机了。

在此以前，井深大谈到过可能制造的产品已经太多，以至于同事们，特别是会计，都有点不耐烦了。井深大自己也明白，他的信用越来越成问题了。他下决心要为日本造出新的磁带录音机，他必须使我们的同事们和那位手头很紧的审计员相信这个主意是可行的。

井深大与日本广播协会的那位美国军官商量，允许他把那台录音机借回去给其他的人看一下。那个军官有点不愿意，但是最后还是答应由他自己带着那台录音机到他们公司来。

大家都围上前去观看，看完后，每个人都相信公司的确应该搞这个项目，只有他们的会计除外，他叫长谷川纯一，是盛田昭夫的父亲从家里派来帮助盛田昭夫他们料理公司财务的。

公司的总务经理叫太刀川正三郎，他和长谷川两人对他们做的每件事都抱着冷淡和批评的态度，他们觉得这个新的计划费用昂贵，而且也没有什么希望。他们认为公司不应该为这个项目花钱去搞研究和设计。

井深大和盛田昭夫对磁带录音机的新概念感到非常激动，而且认定它是一个很适合公司的项目，所以他俩决定联合起来对付长谷川，要让他看到光明的前途。他俩邀他到一个黑市餐馆去吃饭，席面很丰盛，还有啤酒，这在当时是很稀罕的。

他们三人又吃又喝，一直搞到很晚。盛田昭夫和井深大向长谷川解释了磁带录音机的功效，它将会带来一场工业革命，如果公司在这个领域立即动手，捷足先登，那么他们就能打败所有行动迟缓的大公司。他们必须看清形势，赶快抓住这个机会。说服工作大有成效，酒足饭饱后，在回家的路上长谷川满口答应了他俩的要求。

还有一个主要的问题，那就是他们根本就不知道怎样制造磁带，而它正是这个系统中的关键所在。磁带是新项目的中心，这对盛田昭夫他们还是一个谜。由于盛田昭夫早期对钢丝录音机做了不少的工作，所以对于制造磁带录音机的机械和电子部件有相当的把握，但磁带本身却是另外一回事。

日本没有一个人懂得录音磁带，而且也不可能进口，所以他们必须自己制造磁带。一开始他们的策略就不仅是生产录音机，而且还要生产录音带，因为他们知道，一旦用户买了录音机，以后就会继续不断地买录音带。

他们目前首要的也是最困难的任务就是找到或者自制带基材料。他们没有塑料，只有玻璃纸，尽管他们知道玻璃纸并不合适，但手头上只有它。井深大和盛田昭夫，再加上一个颇有才气的年轻工程师木原延年，组成一个小组，把玻璃纸裁成1/4英寸宽的窄条，涂上各种试验材料。

但是不久他们就弄明白了，这样搞是不行的，因为哪怕是最好的玻璃纸，在录音机构里走一两次以后就会拉伸变形，最终造成录音失真。

他们请了化学家帮忙想办法使玻璃纸更加结实，但仍然无济于事。他们又试了更厚的玻璃纸，还是不行。最后盛田昭夫去找他的表弟小寺高路，他在本州纸业公司工作，请他看一看是否有可能为他们公司造一种非常结实、非常薄、非常光滑的牛皮纸，他们可以用来做磁带的带基。

在当时物质匮乏的条件下，找到好的磁性材料涂到带基上几乎是不可能的。但是井深大、盛田昭夫和木原，硬是用手工做出了第一批磁带，他们要切出足够的磁带绕到磁带盘上，于是他们把长纸条放在实验室的地板上。刚开始用的磁性材料失败了，这是因为他们研磨成粉的材料磁性太强了，纸带上只需要较弱的磁性材料。

木原的研究结果表明应该采用醋酸亚铁，这种东西在燃烧后变成三氧化二铁。正是这种材料！但是到哪里去找这种材料呢？

盛田昭夫拉上木原，他俩一起到东京的药品批发街去。在那里他俩找到了唯一经销这种材料的一家商行。

他俩买了两瓶，带回实验室。公司没有电炉来加热这种化学材料，所以只好借来一个平底锅，用木勺子将它搅匀，再放到厨房的炉子上加热，直至它变为咖啡色和黑色。咖啡色的粉末是三氧化二铁，黑色的粉末是四氧化亚铁。

木原擅长于检查粉末的颜色，并知道怎样把它们区分开来。他们把磁性粉末与日本漆混合在一起，调到一定的浓度，以便喷涂到纸带上。结果发现喷涂不行，他们又想尽种种别的办法，最后用浣熊腹部的软鬃毛制成一种刷子，手工刷上去的。

出乎意料的是，这样做的效果最好。当然，纸做的磁带是很差劲的。井深大说质量太差了，连打电话时常说的"喂，喂"都听不清楚，但他们还是为此感到自豪。

当时公司里有 45 名职工，1/3 以上的人是大学毕业生。尽管人才济济，但是没有塑料做带基，他们还是无法生产出高质量的产品。后来当他们能够搞到塑料材料时，他们马上将它投入应用。他们的技术已经准备就绪，很快就进入了早期的磁带市场。

井深大对磁带领域的信念很坚定，所以，公司对它投入了额外的大量精力。在初期的日子里，磁带对公司的前景起着关键的作用。至于硬件方面，他们将磁带录音机的结构完善到了当时的最高水平，可以说，他们引领着世界潮流。

1950 年公司生产出来的录音机又笨又重，但是它的音质相当漂亮，盛田昭夫充满自信，大家也这样估计，经过这么多的努力，他们终于走上了通往成功的道路。当他们的录音机准备上市的时候，他们都认为一旦顾客看到和听到它之后，一定会争先恐后地到他们公司来订货的。

推广磁带录音机

第一台箱式录音机重35千克，标价是17万日元，在占领期间的日本这是很大一笔钱。几乎没有私人愿意花那么大一笔钱来买一个他们认为不需要的东西。当时一个在工厂工作的大学毕业生一个月的工资还不到10000日元。

盛田昭夫他们做了50台这种录音机准备投入市场，然而市场却并不存在。

井深大和盛田昭夫都没有受过有关消费品知识的真正训练，也没有生产和销售消费品的实际经验。井深大以前一直为政府和广播部门生产产品，只有后来制造的短波适配器和留声机更新零件除外。

盛田昭夫也是从来没有制造过什么用于销售的东西。虽然他小时候从父亲那里受过不少的管理训练，后来又在海军里得以应用，但他却一点也不懂商务和销售。俩人都一样，还从来没遇到过这样的情况。他们两个都强烈地认为，只要他们能够造出好的产品，订单就会来的。然而，现实给他俩好好地上了一课。

这下子盛田昭夫才认识到，仅有独特的技术、制造出独特的产品是不足以使企业生存下去的。必须把产品销售出去，而为了做到这一点，就必须让潜在的买主看到你要兜售的东西到底有什么实际的价值。盛田昭夫吃惊地意识到他必须成为这个小公司的生意人。

总算非常幸运，公司里有井深大这样一个专心搞创造性设计和负责生产的天才，而由他来学习做生意。

一个偶然的机会使得事情出现了转机。盛田昭夫一直在想，磁带录音机的销售失败了，原因到底在哪里？

一天，在东京他家的附近，盛田昭夫逛到一家古董店前。他对古董没有真正的兴趣，他意识不到它们的价值。当站在那里看着那些古老的东西，并为它们的昂贵价格感到迷惑不解时，他注意到有一个人在买一个花瓶。那个人毫不犹豫地掏出钱包，把一大把钞票递给了那个古董商。这个价钱比他们的磁带录音机还高。

这是为什么？盛田昭夫感到奇怪，一个人宁愿花这么多钱去买一个一点实际价值都没有的古董，而像他们的磁带录音机那样的新型的娱乐设备却无人问津。在盛田昭夫看来，磁带录音机的价值比一件古董高得多，因为利用它可以改善很多人的生活。极少有人能够欣赏花瓶上的精美线条，大多数的人都不敢去碰那么值钱的东西，生怕把它碰碎了。

正好相反，一台录音机却可以为成百上千的人造福。它可以给人们带来欢乐和惊奇，还可以用于教育，提高人们的素质。对于盛田昭夫来说这两者简直无法比拟，磁带录音机无疑是更好的选择。

但是他又意识到，花瓶对一个古董收藏者而言包含着价值，他一定有充分的理由在这件古董上投入大量的资金。盛田昭夫的先辈中就有不少人这样做。就在那个时刻，盛田昭夫明白了，要想把他们的录音机卖出去，首先要找出那些有可能承认他们产品价值的人和机关。

盛田昭夫注意到，或者应该说是前田多门先生注意到，战争刚刚结束的时期很缺乏速记员，因为战争中很多人被赶出校门参加军工生产去了。在这种缺失得以弥补之前，日本的法院只好依靠很少的速记员过量地工作。

通过前田先生的帮助，盛田昭夫他们向日本最高法院演示了他们的录音机，结果一下子卖出去20台。那些人很容易看出录音机的实际用处，他们一眼就看出了磁带录音机的价值，在他们眼里，它不是一个玩具。

盛田昭夫认为符合逻辑的下一个目标应该是日本的学校。在多次的销售会议上井深大都指出，日本人的教育传统是集中在阅读、写作和算盘技巧上的。但是战后美国人的到来，使他们感到口语交流和视听训练也很重要了，日本文部省起了引导作用。

日本可资利用的媒体材料太少了，只有一些 16 毫米的电影胶片有英语配音，而且少得可怜，因为在战争期间禁止使用英语，也不允许教英语。结果没有几个教师有语音设备来帮助他们理解这些电影的配音。当然学生就更加不可能了。

使用磁带录音机重放事先录好的语音磁带，再用它们来练习，这种想法很快就被接受，而且不久就传到全国各地的学校。日本的每个县都建有一个电影中心，但是所有的片子都是英语的。必须想个办法配上日语才行，而磁带录音机正好派上用场。

随着这种教学方法在各县的推广，盛田昭夫认为很快每个学校都会需要磁带录音机的。井深大发现学校有这种设备的预算，所以他们还要设计一种更小的机型，让私立学校也能买得起。

第一个成功的产品是中型机，它比一个公文包大，但比一个衣箱小。他们把它叫作 H 型录音机。这种录音机很简单，只保留了 7 种速度中的一种，即每秒钟半英寸，而且也很结实。1951 年，作为结婚礼物，公司把 H 型的生产样机赠送给了盛田昭夫和良子。

公司开始生产外观更加吸引人的便携机，而且颇具信心。公司开始扩大规模，他们搬进了御殿山上邻近的一个更加结实的房子里。新的观念最终还是得以接受，也许还有些操之过急，但是日本正在建立一个新的社会，而不仅仅是对原有的进行恢复。

随着技术的成熟，盛田昭夫他们很快就被卷入一场新的战争，从中盛田昭夫学会了不少与国际商务有关的知识。为了使磁带录音机达到高水平的录音质量，他们采用了永井健三博士的专利技术——高频交流偏置系统。这种系统在磁带进入录音头之前先将磁带去磁，并在录音信号上加上交变电流，它录出来的声音与以往用直流偏置的录音机相比，噪声和失真都较小。

他们对录音技术的未来非常关心，所以买了这项专利。当时这项专利属于安立公司，现在它是日本电气公司的一个子公司。1949 年时，盛田昭夫他们买不起全部专利，只买了一半，与日本电气公司共享所有权利。

永井博士的专利在日本注册，早在 1941 年 12 月，他在战争正要爆发之前还曾在美国申请过专利，并在那年的早些时候把发明资料寄给了美国国会图书馆和其他一些地方。

盛田昭夫等人买下专利后向全世界的磁带录音机制造商发出了信件，告诉他们，东京通信工业公司已经拥有交流偏置系统的专利，并可向他们出售许可证。

信中还告诉他们，如果他们想在日本出售使用这种专利技术的磁带录音机，他们必须得到东京通信工业的许可。盛田昭夫他们收到一些公司的回信，声称并不想在日本出售磁带录音机，所以也不需要从他们公司买许可证。虽然盛田昭夫他们明明知道国外有些制造商正在使用这种技术，他们也没有许可证，但他们对此也别无良策。

维权的漫长之路

　　1951 年以后，使忽好忽坏的录音技术得以发展的契机出现了：以政府公布的《电波三法》，即电波法、广播法、电波监理委员会设置法的实施为开端，战前战后由国家和美军控制的电波向民间开放了。

　　随着广播的发展，家电业也从中得到了很大的好处。很多公司在此期间感受到了冰与火的差别，因无线电接收机大量积压连税金都难以交付的松下电器、早川电机等，不但库存一扫而空，一件不剩，甚至一再增产都难以满足社会需求。

　　在这时期，最能够大显身手的是东京通信工业公司。

　　获得好评的录音控制台销售一空，而且成了私营广播公司节目编制的王牌货。

　　有关人员这样描绘当时的情形：

　　　　那时若采用直接播送，慢的一年，快的半年就得垮台，能够支撑下来的正是磁带录音机。由于朝鲜战争，美国产品购不进来，便迅速转为引进东京通信工业公司的机器。

　　在这一时期，东京通信工业公司的磁带录音机为私营公司的起步作出了巨大贡献，这是无可辩驳的事实。东京通信工业公司的技术人员以此为跳板，全力以赴进行新产品的研制及普通机的改良工作。成果之一就是木原信敏研制的便携式录音机。

　　1951 年，日本放送协会广播员藤仓修一赴美采访太平洋战争的媾和会议，在旧金山机场，在这个手提式小录音机帮助下，他录下了苏联外长葛罗米柯的讲话。这个举动让手提式小录音机备受关注。

对磁带录音机的需求在视听教育中奠定了基础，继而发展到广播领域，磁带质量的提高成了亟待解决的问题。

1951年，盛田昭夫的弟弟盛田正昭从东京工业大学电气化学专业毕业，进入了东京通信工业公司。盛田正昭立即被派到东北大学计测研究所所长冈村俊彦教授的研究室，学习研究磁性粉及其氧比物的技术，以期攻克难关。

至1951年下半年，民间广播热达到沸点，日本的广播界开始使用"苏格兰"醋酸盐材料的录音磁带，因为这种磁带表面光滑，频率特性优越。至1952年，对美国制造的醋酸盐材料录音磁带的进口遏制解除，市场上出现了大量美制磁带，公司因此陷入困境。

有一天，盛田昭夫带着一个陌生的外国人回到公司。

"这个人要卖给我们赛拉尼斯公司的醋酸盐材料，一块儿谈谈吧！"盛田昭夫兴奋地对井深大说道。

此人自称是"20世纪商会"的驻日贸易商派西·威廉，兼任赛拉尼斯公司驻日代表。他能讲些日语，因而说话越来越投机，双方终于谈妥了购进醋酸盐材料的事宜。

不久，期待中的醋酸盐材料到货了。但是，盛田昭夫他们不久就遇到了一个比较棘手的问题，这就是与美国驻日进口业的巴尔克姆公司有关专利权的争执。

在广播热潮中，磁带录音机的需要迅速扩大。着眼于此，作为办公用品、汽车部件和以驻日外国人为服务对象，美制磁带录音机的进口得到了通产省的准许。于是，通过百货店等，日本商人经营录音机的贸易公司应运而生，被称为安派克斯公司代理店的巴尔克姆贸易公司就是这样的公司。

盛田昭夫和井深大得知此事后，都大吃了一惊，立即购进这种录音机进行分析。结果表明，它的制作技术与东北大学永井教授发明的交流偏压法完全一致，盛田昭夫不禁勃然大怒，他认为东京通信工业公司持有的专利权不容侵犯！

此事说来话长。

永井教授在日本取得专利后，曾在 1941 年年初向美国申请专利，并把发明资料送到美国国会图书馆和其他地方。时过不久，太平洋战争爆发，这件事便不明不白地搁置下来了。

虽然永井教授的专利在美国一直没有获准登记，但是这并不妨碍对他的研究有兴趣的美国团体和个人利用这项研究的资料。

一年半后，美国有个叫卡姆拉斯的人，也发明了与永井专利完全相同的技术，并在美国取得了专利的同时，向除日本以外的其他主要国家提出申请，获得了专利权。但在日本确立的仍然是永井教授的专利权，这是谁都无法否认的。

盛田昭夫他们买了这项专利之后，就发函给全球所有的录音机制造商，宣告东京通信工业公司已经取得这项交流电偏压系统专利，并且愿意提供执照，同时，公司也告诉各制造商，如果他们想把应用这项专利的录音机销往日本，也必须预先向东京通信工业公司取得执照。

为了维护公司的合法权益，盛田昭夫他们决定向巴尔克姆贸易公司提出警告，要求他们迅速停止进口，或者交纳专利使用费用……

可是，巴尔克姆贸易公司根本无视东京通信工业公司的再三警告，更是大张旗鼓地宣扬美国产品的优越性。迫不得已，盛田昭夫他们决定向法庭申请强制命令。

盛田昭夫已不是第一次与美国人谈判，上次谈判的结果就相当不错，这曾经让盛田昭夫开始对将来有了新的勇气。

盛田昭夫和井深大已经顾及不了那么多，不管三七二十一，决心拼上老命了，要么任人宰割，要么冲出樊篱！何况，东京通信工业公司的专利还经过盟军总部的同意，仅这一关就使得盛田昭夫理直气壮！

为了做到仁至义尽，东京通信工业公司最后一次向巴尔克姆贸易公司发出严正抗议，但是被蛮横地拒绝了，还说："战败国不得如此狂妄！"

盛田昭夫和井深大再也忍无可忍了，立即向法庭递交了巴尔克姆贸易公司侵犯权益的起诉书。

1952 年 9 月 15 日的《朝日新闻》是这样报道的：

在选举、广播报道和教育中广泛应用，现已成为"时代宠物"的磁带录音机，围绕其专利权，日美同行业间发生了激烈的摩擦。

就这一专利权纠纷，在通产省内部、电气通信机械课与专利厅通信测定课也发生了对立，事情的发展引人注目。

产品占国产磁带录音机 1/3 的东京通信工业公司，以美国的输入者巴尔克姆贸易公司为对手，向东京地方法院申请暂时禁止美制磁带录音机的输入、销售、使用、陈列、移动等，从法院作出决定后的第十五天起，东京的巴尔克姆贸易公司及日本桥高岛屋两处、大阪心斋桥一带的首都商会一处，共计 3 处进口的数十台磁带录音机，都被临时查封。因而这一问题迅速表面化起来。

《朝日新闻》刊载的这则消息一直被盛田昭夫珍藏着，他说："法庭听取了我们的辩辞，颁布了强制命令。我们随着有关官员到了海关的仓库，毫无惧色地在门口贴上封条，禁止巴尔克姆贸易公司运走那批磁带录音机。报纸认为这个故事是绝佳的题材，代表着日本独立的立场，他们怎么也想不到，一家我们这样的日本小公司竟然大胆地向美国制造商挑战，因此报纸把这件事当作头条处理。"

当时的东京通信工业公司，虽然以最早研制开发国产磁带录音机而引起人们注目，但它毕竟不过是个资金 2000 万日元，职工人数不足 200 名的中小企业。这样的公司竟能挤出 400 万日元的寄存保证金，采取如此强硬的手段，使有关企业部门目瞪口呆，而共同持有专利权的日本电气公司居然静观以待，希望"鹬蚌相争，渔翁得利"！

同行业的一些人也说："东京通信工业公司恐怕是别有所图吧！"

持怀疑态度的不乏其人，然而盛田昭夫和井深大确实别无所图，他们认为这一问题是牵涉到日本全体产业界的违约行为，如果稀里糊涂地过去了，以后就会有接二连三的违约行为发生。因此，盛田昭夫他们坚定了决心，即使对手是美国，也决不妥协让步。

对东京通信工业公司的强硬姿态持批判态度的，是准许巴尔克姆贸易公司输入磁带录音机的通产省电气通信机械课。

主管课长陈述了如下见解：

> 东京通信工业公司正确地行使了自己的专利权。但以此权利为遮掩，独占交流偏压法磁带录音机的生产权，甚至拒绝其他公司交纳正当的专利使用费，这样生产录音机的态度，通产省是难以认可的。

这番慷慨陈词刊载于 1952 年 9 月 25 日的《朝日新闻》，但这是一个歪曲事实的意见。交流偏压法的专利，是与日本电气公司共有的，并非东京通信工业公司一家独占。如若有意制造磁带录音机，只要与日本电气公司协商，也是可以的，单单批评东京通信工业公司一方，未免失之偏颇了。

另一主管部门专利厅通信测定课持完全的支持态度，明确表示："东京通信工业公司的措施是正当的。"

当时的背景是这样的：由于巴亚利斯柑橘事件、日本可乐事件等，日本厂商遭到了美国以侵犯图案、商标权为名的严厉惩罚，专利厅对东京通信工业公司的支持也多半出于对此的反击。

通产省与专利厅的对立，使问题更加复杂化了，这是明显的事实，当时在日本放送协会任职的岛茂雄的谈话，颇能充分说明问题，事前盛田昭夫曾与井深大谈过，因而某种程度上颇知内情。只是那时他们都年轻气盛，好胜心强，认为有理的事就该竭力去干。

"但我到底是日本放送协的工作人员，因而也不可能有所偏袒，所以，如果巴尔克姆贸易公司卖给我们录音机，经研究，好的产品当然要购进。由于这层关系，我屡屡被上司技术局局长叫去问道：'实际情况如何？不会有什么问题吧？'"

主管部门和同行业界众说纷纭，巴尔克姆贸易公司也并没有沉默，他们向美国制造商报告了情况，厂商表示他们早已向卡姆拉斯专利权的所有者美国艾摩研究中心取得专利权。他们还借助占领军的力量向东京通信工业公司施加压力。

有一天，盟军总部专利局的一位官员打电话给井深大，说想见他。接到通知，井深大忽然产生一种不祥的预感。那时，谁要是被盟军总部找去，谁就得担心是否违反了规定，甚至还有坐牢的可能。

"恐怕就要这么给关进拘留所了……"

盛田昭夫和谙熟英语的前田多闻陪同井深大来到设在东京丸之内岸本大厦的盟军总部，原来盟军总部的官员想要了解有关这项专利权的有关事宜。

专利部门的上校很有绅士风度，上校检阅完文件并仔细听取了他们的说明，然后说："好吧，我们一定妥善处理此事。"

这个问题的全面解决花了相当长的时间。因为卡姆拉斯专利权所有者美国艾摩研究中心在中途露面了。这个公司以美国为主在世界21 个国家取得了专利实施权。因而东京通信工业公司如果不和这家公司缔结技术援助合同，就不能出口磁带录音机。对东京通信工业公司来说，还没有这样不合算的事。

盛田昭夫千方百计四处调查，终于取得了证据，找到了永井教授研究报告的英文版本！他用大量事实证明了早在艾摩研究中心取得专利前，永井教授研究报告的英文版本已在美国公之于世！

井深大高兴得简直要跳了起来，因为如果以此为武器，在美国提出公诉，就会使得艾摩研究中心的专利失去法律依据，从而成为社会公有财产！

艾摩研究中心得知这一事实，也不得不承认永井专利的合法性。

这个案子诉讼了3年，直至1954年3月，东京通信工业公司终于胜诉。

在诉讼过程中，盛田昭夫和他的同人们学习到了不少关于国际商务的知识。

这样，东京通信工业公司不但在"岸边"阻止了美国势力的"登陆"，而且还和共同拥有永井专利的日本电气公司得到了在日本出售磁带录音机的专利使用费。另外，以不追究艾摩研究中心责任为交换，取得了在美国无偿使用艾摩研究中心这一专利的权利，这一权利也适用于日本国内其他厂家。

只是有附加条件：获得专利使用权的厂家出口产品时，必须将使用费的一半交给东京通信工业公司。也就是说，这两家公司因共同拥有永井专利而获得了意想不到的利益。

一场"马拉松赛"终于跑完了，东京通信工业公司获得"冠军"。然而，这也招致了同行中的对立。他们要求开放永井专利，其中有的厂家试图钻专利的空子，向新系统的研制挑战。

先行一步的是自诩为立体声爱好者科技集团的赤井电机公司的赤井三郎。

赤井三郎不敢触犯永井专利，便在电路上略施小计，搞出所谓

"新交流偏压法"来，接着生产出这种电路的磁带录音机"AT—1型"，投放市场，这是1954年8月的事。

东京通信工业公司立刻向赤井电机公司提出严重抗议："你们侵犯了专利！"

可是赤井反驳道："这是我们独自研究出来的，并未触犯永井专利！"

于是，东京通信工业公司又起诉赤井电机，以求通过法律手段解决。东京通信工业公司与赤井电机公司在研制上的激烈竞争从此开始了。其他那些被专利捆住手脚、想生产却又干不成的同行业中的有名公司，对赤井巧妙的游击战拍手鼓劲，公开批评东京通信工业公司的霸道姿态，还在政治、资金方面捣鬼，明里暗里施加压力。

盛田昭夫深深地为同行这样的态度感到苦恼，何况磁带录音机是自己和同人用血汗凝聚而成的产品啊，怎么能够轻易开放专利呢！

发现各国文化差异

盛田昭夫的心中早就酝酿着要为东京通信工程公司开辟一个国际市场，这样一来，井深大和他就不可避免地要出外旅行。

1952 年，磁带录音机的生意做得很好，井深大想到美国去一趟，看看那里的磁带录音机还有什么新的用途，还想了解更多有关制造磁带本身的情况。他基本上不会说英语，但他能想法子应付，而且善于观察事物。

令人失望的是在美国他仅在一些语音实验室里发现使用录音机，而录音机在日本的学校里比在美国使用得更加广泛。另外一件使井深大感到失望的事是没有一家磁带生产厂允许别人参观。但是这次旅行却仍然使他们受益匪浅。

1948 年，井深大和盛田昭夫两人都曾经从《贝尔实验室记录》上了解到贝尔实验室的威廉·肖克雷和其他人的工作情况，从那以后，他们一直对威廉·肖克雷他们的发现非常关心。

那一年，在美国的小报和其他地方都出现了有关贝尔实验室发明了一种叫作"晶体管"的元件的报道，井深大在美国旅行时第一次听说很快就可以买到这种奇妙的小玩意的许可证。于是，当他回到日本后，便立即开始进行筹划。

盛田昭夫他们对这种固态元件完全是陌生的，要弄懂它，并决定用它做什么，那绝不是一两个工程师可以完成的事。

在纽约时代广场附近的塔夫特旅馆里，房间太嘈杂，井深大晚上无法入睡，他想到自己的公司里现在有 120 名职员，其中 1/3 是大学毕业的工程师，有各种专业，例如电子、冶金、化学和机械，开发公司自己使用的晶体管这项工作将是对他们技能的一次挑战。他当时并不知道可以用晶体管做什么，但他对它所代表的技术突破感到非常激动。

第二天井深大想去拜访西电公司专利许可证经理，因为西电公司是贝尔实验室的专利持有者。但是他们告诉他，经理先生太忙，没时间见他，井深大只好求助一位朋友，他叫山田志道，住在纽约，在一家日本的贸易公司做事。井深大拜托他代为打听，然后就独自回国了。

那个时候生产的晶体管并不是盛田昭夫已经取得许可证，制造出来后直接使用的晶体管。这个奇妙的小玩意是电子技术上的突破，但是它只能用在音频频率的场合。

事实上一年以后，当盛田昭夫最后签署专利协议时，西电公司告诉他，如果想用它来开发家用产品，那么只能做助听器。

那个年代还没有可用于收音机的晶体管。当然盛田昭夫对助听器的市场并没有兴趣，因为它极其有限。盛田昭夫想做一种人人都用得着的东西，于是计划让公司的研究和技术人员开发出自己的高频晶体管，用于收音机。

盛田昭夫开始考虑用晶体管可以制造什么样的收音机。当时在收音机领域里的国际潮流是一种新的概念。"高保真"，这个新名词很快成为时尚。人们想听纯正的声音，真实的再现，或者至少是生动的再现。

有些早期的高保真发烧友已经买了各种声音的唱片，包括火车头的噪声、飞机起飞、马在奔跑、警笛、老式武器开火以及其他各种音响效果，就是为了炫耀他们的新机器。扬声器变得越来越大，声音也越来越响，一些新词汇，像低音喇叭、高音喇叭、失真、反馈等，纷纷进入人们的语言。

使用很多真空管组成的放大器被认为可以产生最纯正的声音。但盛田昭夫却在设想用晶体管取代笨大的、发热的，而且不可靠的真空管。这将给他们带来一次机会，不仅可以使电子产品的体积减小，还可以降低功耗。

如果可以设计出一种能够在相当高的频率下工作的晶体管，那么他们就可以制造出使用电池的超小型收音机。盛田昭夫希望能用最小的功率收到最逼真的声音。

日本人一直对小型化和紧凑化很感兴趣。

日本的盒子是套装的，日本的扇子是折叠的，条幅可以卷起来，屏风上用艺术的手法描绘出整个城市，可以折叠，可以整齐地拢到一边，或者用于装饰、娱乐和教育，或者只是用来分隔房间。他们的目标是生产一种收音机，小得可以装进衬衣口袋，不是便携式，而是袋装式。

以前美国无线电公司也用"花生米"真空管做出过中型便携机，一半的空间都被昂贵的电池占掉了，电池的寿命大约只有 4 个小时。晶体管可能可以解决功耗和体积的问题。

由于大家都想开发晶体管领域，所以当听说可以买到它的技术许可证后，盛田昭夫马上到纽约去签署最终协议。他也很想看看外面的世界，看看哪里有公司的立足之地，所以他打算把纽约的事办完后再到欧洲去一趟。

当他在东京羽田机场登上飞机时心情很激动，手里拎着一只箱子，肩上背着一个包。

刚开始的时候，美国的辽阔使他大失所望。什么东西都很大，距离都很远，开阔的空间一望无垠，各个地方互不相同。盛田昭夫认为不可能在这里销售自己的产品。这个地方把他制服了。美国经济发达，看上去这个国家什么都不缺。

当盛田昭夫把西电公司的许可证寄给井深大时，他突然产生了信心。当时日本的外汇控制得很紧，他们必须得到通产省的批准后才能将 25000 美元的许可证费从日本汇出。晶体管是如此的新颖，而日本的外汇又异常紧张，整个国家刚刚从战争中恢复过来，正在开始加速发展，所以通产省的官僚们看不出这种元件有什么用，也就不急于批复。

另外，通产省认为像东京通信工业这样的小公司不可能担当搞全新技术的重任。其实他们刚开始的时候曾顽固地加以反对。井深大对这种鲜为人知的元件将来的用途作了雄辩的说明，但还是等了 6 个月才使官僚们相信。通产省从来就不是日本电子工业的帮助者，尽管有些评论看来如此。

当通产省还在考虑盛田昭夫的申请时，他正在旅行途中。他飞往欧洲，在那里参观了很多公司和工厂，并对公司和日本的前途开始感到轻松了一点。他参观过大众、奔驰、西门子以及其他一些小公司，其中有些小公司在后来的岁月里消失了。

当然，在电子领域里，盛田昭夫想参观荷兰的飞利浦公司，它是一个世界知名的电子公司。正是参观飞利浦公司给了他勇气和新的启发。

在离开德国时，他有点灰心。尽管战争中德国受到重创，各方面的条件却都在迅速得以恢复，相比之下，日本的战后进程显得太缓慢了。

有一天，在杜塞尔多夫市的科尼西大街的一家餐馆里盛田昭夫要了一份冰激凌，服务员端上来时在上面插了一把纸做的小伞，作为装饰。他笑着对我说："这是从你们国家来的。"

服务员的话里透着对盛田昭夫的恭维。但盛田昭夫想，这也就是他对日本和日本的能力的理解，而且像他这样的人还很多。自己前面的道路还很漫长。

盛田昭夫乘火车从杜塞尔多夫来到埃因何温，当穿越边境从德国进入荷兰时他发现了很大的区别。

德国尽管刚刚经历了一场战争，但是正在变得高度的机械化，大众汽车公司每天已经可以生产出700辆小轿车。每个人都在快速地重建和生产各种东西和新产品。

但是荷兰的很多人还在骑自行车。这是一个纯粹的农业国，而且还是一个很小的农业国。到处都可以看到古老的风车，就像老早的荷兰风景画。不管什么东西，看上去都是那么古雅。

当盛田昭夫最后到达埃因何温时，他惊奇地看到飞利浦是一个何等巨大的公司，尽管他事先已经了解到飞利浦的电气产品在东南亚和全世界都很成功。盛田昭夫记不起他原来希望看到什么，但是他想象中伟大的 N. V. 飞利浦先生的企业实际是建立在一个小农业国边远一角的小镇上，太令人感到惊奇了。

当地人为了表达对飞利浦博士的敬仰，不仅在火车站前树立了他的塑像，还将火车站大楼做成台式收音机的形状。在火车站前，盛田昭夫凝视着飞利浦博士的塑像。这让他想到了故乡的小铃谷村和曾经树立在那里的高祖父的铜像。

盛田昭夫在城里漫步，脑海里还在想着飞利浦博士。参观完工厂后，他一直在想，一个人出生在这样一个农业国的边远小镇上，竟然能够建立起这样一个巨大的、高技术的、世界知名的公司！也许自己在日本也能做到。

这真是一个梦想，他在荷兰写给井深大的信中是这样说的：

如果飞利浦能够做到，也许我们也可以做到。

　　那时候盛田昭夫简直不会说英语，他是作为旅游者去参观工厂的，绝不是头面人物的访问，一个公司的负责人都没有见到。那时他只代表着一个不知名的公司。

　　但是从那以后的 40 年里，索尼和飞利浦这两个从很小的偏远地方发展起来的公司多次合作，共同设计标准，联合开发了多项领先技术，包括标准盒式录音带，最新的、具有划时代意义的家庭音响和数字激光唱盘，在激光唱盘中索尼的脉冲编码调制研究能力与飞利浦公司的精密激光技术熔于一炉。

索尼名称的诞生

在 1953 年，盛田昭夫第一次出国旅行时就想过，公司的全称"东京通信工程株式会社"不适合印在产品上，因为它太饶舌了。

即使在日本，自己公司也要把它简称为"东通工"。但是在美国，盛田昭夫发现没有一个人可以说出这两个名称来。盛田昭夫认为"东京通信工程株式会社"用英文翻译出来很笨拙。

有一段时间他们试着用过 Tokyo Teletech，但是当听说美国有一家公司叫 Teletech 时，他们便打消了这个念头。

看起来，如果不想个聪明的办法，他们公司的名字就不会为人所知。盛田昭夫也想过，不管取个什么样的新名字，都必须一箭双雕，它既要是公司名，又要是商标名。这样他们就不需要为了使两者都出名而付出双倍的钱来做广告。

盛田昭夫也试过一段时间的公司标志，在一个细线圆中放一个倒置的金字塔，金字塔的两侧各插入一个锲形，构成一个独特的"T"。他们的第一批晶体管和晶体管收音机都需要一个特殊的、明智的商标，以便于人们记忆。盛田昭夫等人决定首先在晶体管收音机上使用新的商标，而且这个商标将来还要用于其他消费产品上。

盛田昭夫在美国时为这件事考虑再三，在那里他注意到很多公司都使用 3 个字母的缩写标志，例如 ABC、NBC、RCA 和 AT&T 等。有些公司也使用其全名作为标志。他觉得这种做法颇具新意。

在他还是孩子的时候，他就学会了从进口汽车的牌子上来辨认它的名称，三尖星是奔驰，蓝色的椭圆是福特，卡迪拉克的皇冠，皮尔斯的箭头。后来很多公司开始把名称与标志一起使用，像雪佛莱、福特、别克，还有其他一些汽车，即使不会读，也知道它们的名称。盛田昭夫考虑了各种可能的办法。

井深大和盛田昭夫花了很长的时间来决定公司的新名称。他们一致同意不用标志。名字本身就是标志，所以不能太长，最多四五个字母。

日本所有的公司都有自己的徽章和胸针，一般都取公司标志的形状，外人是无法识别的，只有几家非常著名的公司除外，例如三菱公司的3个菱形。就像汽车公司一样，他们越来越少地依赖于公司标志，而是越来越多地使用公司名称，盛田昭夫也感到真的需要一个名称来表达他们的思想。

每天只要一有时间，他们就会展开讨论，并把每一种可能性都记下来。盛田昭夫要取一个新名字，无论在世界上的什么地方都可以被人识别，都可以用当地的语言读出来。

他们试了一个又一个。井深大和盛田昭夫翻阅了不少字典，想找一个漂亮的名字，他们偶然地找到一个拉丁文单词，"sinus"，意思是声音。这个单词本身好像就有声音。

盛田昭夫的事业与声音息息相关，所以他们开始把注意力集中在"sinus"上。当时在日本，借来的英语俚语和绰号变得很流行，有些人把开朗的、聪明的男孩叫作"sonny"或是"sonny – boys"。显然"sunny"和"sonny"这两个单词都有乐观的、明亮的发音，与那个他们正在研究的单词相似。当时他们也认为自己是"sonny – boys"。

不幸的是，在日本"sonny"这个单词会给他们惹出麻烦，因为根据日语对罗马字母的拼读规则，"sonny"应读成"sohn – nee"，它的意思是输钱。这种名字是不能用来发布新产品的。

这个问题让盛田昭夫他们动了一阵子的脑筋，有一天盛田昭夫灵机一动，为什么不能去掉一个"n"变成"Sony"呢？正是它！

这个新名字有一个好处，在任何语言中它都没有意思，而只代表

"Sony"这个发音，容易记忆，又包含了盛田昭夫需要的内涵。更进一步，就像盛田昭夫提醒井深大的那样，因为它是用罗马字母书写的，很多国家的人都会觉得它是自己的语言。

全世界各国的政府都在花钱教人学英语和使用罗马字母，也包括日本在内。学英语和使用罗马字母的人越多，认识他们公司名称和产品商标的人就会越多，而他们不需要花一分钱。

于是他们开始在产品上使用"SONY"这个商标，但还是将公司的名称保留了一段时间。第一个产品上的商标用的是一个方框，中间有4个细线斜体大写字母。

不久盛田昭夫就意识到，要使新的名字被人识别的最好办法是将名字写得尽可能简单易读，于是盛田昭夫将新名字改写成传统的、简单的大写字母，并一直沿用至今。名称本身就是标志。

1955年SONY生产出第一台晶体管收音机，1957年生产出第一台袋装式收音机。它是世界上最小的收音机，但它实际上比标准男式衬衣口袋大一点，尽管大家说它是袋装式的，却并没有具体指的是什么口袋。

大家都很喜欢这样一个点子，就是让一个销售员表演怎样把它轻轻松松地装进衬衣口袋里去。最后终于找出了一个简单的解决办法，把销售员的衬衣口袋做得比正常尺寸稍稍大一点，刚好可以让收音机滑进去。

这个值得骄傲的成就有一点令人遗憾，SONY的晶体管收音机并不是市场上的第一台。

美国有一家由得克萨斯仪器公司支持的雷根西公司，在SONY之前用雷根西这个牌子推出了一种采用TI晶体管的收音机，但是他们很快就放弃了，并没有在市场销售上下功夫。

雷根西已经在这个行业中占有领先地位，本应可以利用这种地位开辟巨大的市场，就像SONY后来做的那样。很明显，他们错误地判断这个行业没有前途，于是就放弃了。

新推出的小收音机用上了新的商标 SONY，盛田昭夫对发展晶体管化的电子产品有庞大的计划，并且希望袋装式小型收音机是未来成功的一个预兆。

1957 年 6 月，SONY 公司在东京羽田机场入口处的对面树起了第一块写有"SONY"的广告牌，同年年底又在东京中心的银座地区也树了一块。

1958 年 1 月，东京通信工业公司正式改名为索尼公司，并于同年 12 月列入东京股票交易所的名单。

索尼公司在 170 个国家和地区注册了"SONY"这个名字，包括很多行业，不光是电子工业，为的是对它加以保护，以免别人在同类产品上利用它。但是他们很快就得知正是在日本国内有人侵害了这个名字。

一天，盛田昭夫他们打听到有人正在销售"SONY"牌的巧克力。

盛田昭夫为公司的新名称感到非常自豪，而为有人想利用它感到很气愤。那家利用索尼名称的公司以前在他们的产品上用的是完全不同的牌子，当索尼公司名声在外的时候，他们却改头换面。

他们为一系列的巧克力和零食注册了"SONY"这个牌子，甚至把他们的公司都改为了"索尼食品公司"，连使用的字母都是一模一样的。

那时候索尼公司经常使用一个叫"Sonny Boy"的小小卡通人物来做广告。这个卡通人物的名字叫"阿诚"，是由日本《朝日新闻》报的漫画家创造的。假索尼的巧克力商人也开始使用相似的卡通人物。看到这种东西在大百货商店里出售，盛田昭夫感到恶心和生气。

索尼公司把冒名顶替的骗子带上了法庭，并请了许多知名人士，例如演艺明星、报界记者和评论家，来证实他们给索尼公司造成了多大的危害。

有一个证人说，他看到 SONY 牌的巧克力后以为索尼公司现在遇到了财政上的困难，因为它要靠卖巧克力来维持生活，而不再搞电子高技术；还有一位证人说，她对索尼公司有印象，它是一个真正的技术型的公司，所以它的巧克力肯定是一种合成物。

盛田昭夫担心如果让这种巧克力继续充斥市场，它将会把人们对 SONY 公司的信任完全毁掉。

盛田昭夫一直认为商标就是企业的生命，必须全力加以保护。商标和公司的名称并不是要小聪明，它们代表着责任和对产品质量的保证。如果谁要想随便利用别人辛辛苦苦建立起来的信誉和能力，这跟偷盗并没有什么两样。

尽管有人盗用索尼的名称，盛田昭夫却并不为此而沾沾自喜。

在日本打官司是要花很长时间的，这件案子拖了 4 年，但索尼公司总算是赢了。在日本的历史上，法院第一次使用了不正当竞争法而不是专利或商标注册法，来为索尼公司伸张正义。

巧克力制造商是注册了名称，但却是在索尼的名称变得深入人心之后。为了证明这个名称是可以公开使用的，他们的律师曾经到全国各大图书馆去查过，想找出这个名称属于公用范畴的证据，但他们肯定大吃一惊。

结果他们一无所获，空手而归，无论哪本字典里也找不到 SONY 这个单词。盛田昭夫早就料定他们会发现这一点，因为他们自己在很久以前就已经这样做过。这个名称是独一无二的。

打造索尼品牌

　　虽然索尼公司还很小，但是盛田昭夫认为日本是一个很大的、有潜在活力的市场，日本的工业家有一个共识，那就是日本的公司必须出口产品才能生存下去。

　　日本除了人的能力之外，没有其他自然资源，日本别无出路。所以他们很自然地盯着国外市场；另外，随着生意日益兴旺，很明显，如果不把目光转向国际市场，就不可能把公司办成井深大和盛田昭夫当初所设想的那样。

　　他俩要改变日本货质量差的形象。他俩推断，如果要想出售质量好的高档产品，就必须有一个宽裕的市场，也就是要找一个富有的、高品位的国家。

　　作为一家新公司，他们必须在日本的市场上为自己争得一席之地。原来的老公司正在恢复生产，打出人们早已熟悉的牌子。他们必须创造自己的名牌。他们为此而推出新的产品，甚至还为它们编造了一些新名词，但是后来发现这种创新也有不好的一面。当第一台磁带录音机被投入市场的时候，它在日本还不为人知。

　　当然，索尼公司不能将磁带录音机，即"taperecorder"一词注册为己有，他们只好提出"Tapecorder"，即家居音响。因为市场上只有他们的产品，Tapecorder这个名字几乎一夜之间就变得家喻户晓了。

　　后来，当他们的竞争对手也开始制造磁带录音机时，人们把所有厂家产的磁带录音机都叫作"Tapecorder"，这种现象是否值得庆贺，实在令人怀疑。

　　从那以后，他们特意强调，在他们的产品上显著地标明公司名称，尽管他们仍然给一些产品创造新名字，像随身听就是一例，这样一来，商标名称、公司名称和产品名称就都很清楚了。

索尼公司的进展很顺利，但要想在日本建立起自己的名声，那还要通过激烈的竞争。而且日本人一旦相信一种牌子的商品，就会成为那种商品的忠实用户。

但在国外大家却站在同样的基础上，也许索尼比别的公司还好一点。日本的消费品在战前实际上无人知晓。任何印有"Made in Japan"，即日本制造的商品在战前运到国外去时都给人留下了质量极差的印象。

在美国和欧洲很多人对日本的了解仅仅限于纸伞、和服、玩具和其他的便宜货。在选择公司的名称时，盛田昭夫并没有故意地隐藏自己的身份，而且按照国际规则还必须说明产品的原产国名，但是对此他也确实不想加以强调，怕的是在能够展示产品质量之前就被人拒之门外了。

刚开始的时候，他们总是把产品上"Made in Japan"，即日本制造这一行字印得尽可能小，有一次因为太小了，美国海关逼着他们把它重新印大。

盛田昭夫从早期试着推销磁带录音机的经验中意识到市场实际上就是一种交流。在日本的消费品分销传统系统中，制造商与消费者之间是相互隔开的，绝不可能交流。产品要经过第一、第二甚至第三个批发商才能到达零售商的手里，制造者与最终的用户之间隔着一层又一层的中间人。

这种分销系统有一定的社会价值，它可以提供大量的就业机会，但是代价太大，而且效率也低。每过一道手，价钱就要上涨一次，有些中间人甚至根本就没看到货。也许这种系统对日用品和低技术的东西是合适的，但索尼公司一开始就意识到它不能满足自己公司和公司的高技术新产品。

第三或第四道转批发商简直不可能再对产品和想法有兴趣和热情。索尼公司必须教会用户如何使用产品。要是这样做，他们就必须建立自己的渠道，以自己的方式把产品推向市场。

索尼公司推出了很多产品，这些产品以前市场上从来没见过，实际上也没人制造过，例如晶体管收音机和固态个人电视机，他们开始享有领导新潮流的声誉。

有些人把索尼公司比作电子工业的试验白鼠。如果他们生产出一种新产品，同行里的巨头们就会等着看他们的产品是否会成功。如果成功，他们就会向市场上推出大量的相同产品，占尽索尼公司努力的结果。

在很多年里情况就是这样。索尼公司总是首先出场。他们的大部分主要产品，从小型固态收音机、晶体管电视机、随身听立体声放音机、随身看手持式平面电视机到随身听 CD 放音机等都遭到了跟风。

索尼公司把立体声引入日本，制造出世界上第一台家用录像机，发明了单枪三束彩显系统，改进了计算机的 3.5 英寸软盘。索尼的手持式摄像机和小型放像机给全世界的电视新闻采集和播放带来了一场革命。

索尼首创了玛维卡无胶片照相机和光盘系统，还发明了 8mm 录像带。而这些只不过索尼公司的一小部分。

刚开始的时候，索尼的成功记录还没有建立起来，所以当他们开发出一种产品投入市场后，竞争对手就会采取小心谨慎的等待和观望态度。

早期的时候，他们经常在一年或者更长的时间内独占市场，然后其他竞争者才会相信新产品是成功的。他们赚了大笔的钱，整个市场都是他们的。但是当他们获得越来越多的成功，业绩越来越明显时，其他人在投入进来之前的等待时间就越变越短。

为此，索尼公司只能在新产品上领先三个月，此后其他人就会进入市场，推出他们生产的同类产品。如便携式 CD 放音机上，索尼公司幸运地得到了一整年时间，而在随身听磁带放音机上仅只六个月。说起来这应该很让盛田昭夫值得骄傲，但是代价太大了。他们必须为改进产品保留一笔费用。多年来索尼公司一直把销售额 6% 以上的资金用于研究与开发，有些年甚至用到 10%。

索尼的计划是用新产品引导公众，而不是去问他们需要什么东西。公众并不知道能够买到哪些东西。所以索尼公司并不是去搞大量的市场研究。而是改进他们对产品和产品用途的思想，再通过交流来教育公众，从而创造出一个市场。

比如，关于众所周知的随身听，这个想法是这样形成的。

有一天井深大到盛田昭夫的办公室来，他带来一台公司制造的便携式立体声磁带录音机和一副标准尺寸的耳机。他看上去不高兴，对这种系统的重量颇为不满。

盛田昭夫问他心里是怎么想的，他解释道："我想听音乐，但又不想打扰别人。我不能成天坐在立体声录音机旁边。我是这样来解决的，我把音乐随身带着，但是这个机子又太重了。"

对这件事盛田昭夫已经考虑了很久，现在正像井深大说的那样，它成为一个焦点。现在的年轻人看来没有音乐简直就不能活下去，几乎每个人在家或者在车里都有立体声录音机。

井深大的抱怨促使盛田昭夫立刻采取行动。他命令公司的工程师拿来一台可靠的小型盒式磁带录音机，这是他们的产品，叫"软件工程"，盛田昭夫让他们把录音部分的电路和喇叭去掉，换上立体声放大器。他又交代了一下他所想要的其他细节部分，包括非常轻的头戴式耳机，结果这个要求后来成了随身听开发中最困难的部分之一。

每个人都使盛田昭夫感到为难。似乎没人喜欢他的想法。在一次产品规划会上，一位工程师说："听起来像是个好主意，但如果没有录音功能，还会有人买吗？我看不会。"

盛田昭夫回答说："既然成千上万的人都买了车用立体声放音机，它也没有录音功能，我想这些人也会买这种机器的。"

没人公开笑他，但他也没说服项目组的人，他们只好无可奈何地干下去。甚至在制造出第一台样机之前，盛田昭夫还独断专行地规定销售价应该适合年轻人，使得他们好像买本书一样。

不久，第一台试验产品就交到了盛田昭夫的手中，还配有一副新的轻型耳机。盛田昭夫为它小巧的尺寸和耳机产生的高品质声音感到高兴。

在传统的大喇叭立体声录音机中产生声音的大部分能量都浪费了，因为只有一小部分声音可以到达使用者的耳朵里，其余的声音只是引起墙壁和窗户振动。他们的小机器只需要一点点电池的能量用于放大器就可以驱动轻型耳机了。轻型耳机的保真度与盛田昭夫预期的一样好，或者说还要好些。

盛田昭夫兴冲冲地拿着第一台随身听赶回家，试着听各种音乐，但盛田昭夫发现他的妻子不高兴了，她感觉受到冷落。于是盛田昭夫决定，每个随身听带两副耳机。又过了一周，生产部门又做出一种机型，有两个耳机插孔。

过了几天以后，盛田昭夫邀请他的高尔夫球友、小说家正治薰去打高尔夫球。坐车开往俱乐部去时，盛田昭夫递给他一副耳机，请他听一盒录音带。盛田昭夫自己则带上另一副耳机，观察他的表情。

他很惊奇又很高兴地听到他的妻子、音乐会钢琴家中村弘子正在演奏格里希的钢琴奏鸣曲。他开心地笑了，想说什么，但是因为他们都戴着耳机，所以他不好说话。

盛田昭夫马上意识到这是个潜在的问题。他的解决办法是让我们的人再在机子上加一个用按钮控制的麦克风，这样两个人就可以通过"热线"在音乐之上互相对话了。

盛田昭夫认为索尼公司已经生产出了极好的东西，他对此充满热情，但是市场销售人员却并不满意，他们说这种东西会卖不出去的。对这样一种大部分人都觉得没用的东西盛田昭夫却激动万分，真让他感到十分尴尬。但他对这个产品的生命力非常自信，所以他表态说他个人愿意对它负全部责任。

他完全没有理由为此后悔。这种想法就这样坚持下来了，而随身听刚一问世就大获全胜。其实盛田昭夫从来就没有真正喜欢过随身听这个名字，但它却似乎到处都很流行。

索尼美国公司和索尼英国公司都很担心印上随身听这样不符合语法的名字的产品恐怕卖不出去，但是他们还是坚持不改。后来虽然索尼公司在海外市场上又试过其他名字，在英国试过 Stow Away，即收藏，在美国试过 Sound About，即耳机，这些名称没有叫响，而随身听却名声大振。

最后盛田昭夫打电话给索尼美国公司和索尼英国公司，告诉他们："这是命令，就用随身听！"

不久索尼公司就很难跟上订货的要求了，所以不得不设计出新的自动机械来对付潮水般涌来的订货。当然，他们铺天盖地的广告也促进了销售，在日本索尼公司雇用了年轻的夫妻星期天到东京银座的"步行者天堂"去散步，一边走一边听随身听，大出风头。

虽然开始的时候盛田昭夫曾考虑到一个人单独听音乐显得不大礼貌，但是使用者认为他们的小机器完全是个人的东西。盛田昭夫还在希望人们可以共享随身听时，就已经发现每个人都只愿意自得其乐，所以我们干脆拿掉了"热线"，后来在大部分机型上又取消了一个耳机插孔。

盛田昭夫一直认为随身听会成为流行的产品，但甚至连他都没有做好准备。在销售台数达到 500 万时，他对曾一度持怀疑态度的项目组提出，他预计这只是个开头。从第一台随身听上市以来，他们已经卖出了 2000 多万台，共有 70 种不同的型号，甚至还开发出防水和防沙型，更多的品种还在层出不穷。

非常有意思的是，随身听是把一些功能从录放机中拿掉，现在却几乎走了一个圆圈，他们又把原来拿掉的功能拿回来，或者是再加上一些附加装置，例如小型扬声器，甚至还加了新的东西，例如从一盘磁带拷到另一盘上。

索尼公司开始建立自己的销售和分销网络，使他们的信息可以直接与用户见面。在适当的场合仍使用原有的分销系统的同时，索尼公司也建立了自己的渠道，只要有可能，盛田昭夫总是直接与经销商打交道。

这样一来，盛田昭夫可以认识经销商本人，使他们懂得索尼产品的价值和用途。索尼的经销商也就变成了传播者，并且还鼓励零售商也这样做。

开辟海外市场

1955 年，索尼公司生产的第一台晶体管收音机很小，也很实用，他们为此感到非常骄傲。盛田昭夫把美国看作一个理所当然的市场，那里的经济发达，就业率高，美国人很开通，喜欢新东西，而且国际旅行也越来越方便。

盛田昭夫带着价值仅 29.95 美元一个的收音机到纽约去，看是否能够找到零售商。

但遗憾的是，那里的大多数人都没有兴趣，他们说："你为什么要做这么小的收音机？美国人都想要大收音机。我们的房子很大，房间多得很。谁会要这么小的收音机？"

盛田昭夫把他在美国看到的情况向公司人员解释，他说："仅在纽约市就有 20 多个广播电台，是的，这里的房子很大，大得甚至每个家庭成员都可以在自己的房间里打开这个小收音机，收听自己喜欢的节目，而不至于打扰别人。当然这种小收音机的保真度不及大收音机，但是就其体积而言也算是相当不错的了。"

很多人对盛田昭夫的争辩都觉得有道理，向他提出了颇具吸引力的交易，但是盛田昭夫很谨慎，不止一次地拒绝了看起来可以赚大钱的机会。经销商认为他是在发疯，然而尽管索尼公司当时还很小，盛田昭夫个人也没有经验，但是时间最终证实了盛田昭夫作出的决断是正确的。

布诺瓦公司的人很喜欢这种收音机，他们的采购经理漫不经心地说道："我们真想进点货。就买 10 万台吧！"

10 万台！盛田昭夫大吃一惊。这个订货数量简直令人不敢相信，价值是索尼公司全部资产的好几倍。他们开始商谈细节，对方提出了一个条件，那就是要把布诺瓦的名字印在收音机上。盛田昭夫的脑子转得飞快，他认为绝对不能答应这个条件。

盛田昭夫曾发过誓，索尼公司决不当其他公司的原设备制造商。索尼公司要靠自己产品的实力为公司创造自己的名牌。

盛田昭夫回复他说自己还要与公司再商量一下。接着他把这笔生意的大致情况发回东京。公司的答复是让他接受订货。

盛田昭夫不喜欢这个主意，也不喜欢这个答复。经过反复思考，他决定拒绝。索尼公司不能用他人的名字生产收音机。

当盛田昭夫回到布诺瓦公司再去见那个人时，刚开始他好像并没有认真地对待盛田昭夫。认为盛田昭夫怎么可能拒绝这样的订货？他认定自己吃定了盛田昭夫。

当看到盛田昭夫并不为之所动时，他干脆长话短说："我们公司的牌子是花了50年功夫才建立起来的名牌，没有人听说过你们的名字，为什么不能用我们的呢？"

盛田昭夫懂得他在说什么，但是他有自己的观点。于是回答说："50年前你们的牌子也和我们今天一样，不为人知。我把新产品带到这里来，现在我要为我们的公司将来的50年迈开第一步。再过50年，我可以向你许诺，我们的公司将会与你们今天一样有名。"

盛田昭夫对这个拒绝的决定从来就没有后悔过，因为这个决定给了他更多的信心和自豪，尽管当他回到东京向井深大和其他负责人谈起此事时，他们中间有些人认为他干了一件傻事。

但是，盛田昭夫从那以后却经常说："这是我做出的决定中最好的一个。"

当盛田昭夫在美国到处转的时候，他又遇到了另外一位经销商，他看过收音机后表示很喜欢。他说他有150多家连锁店，他想大量购进。

　　盛田昭夫很高兴，幸运的是他并没有要求盛田昭夫把连锁店的名字印在产品上。他只要求盛田昭夫对 5000 台、10000 台、30000 台、50000 台和 10 万台收音机的订货分别给出报价。

　　多么好的一笔生意！回到旅馆房间后，盛田昭夫开始思考这笔大宗订货对他们在东京的小工厂会产生什么样的冲击。

　　自从公司搬出御殿山上那所没刷过油漆又漏雨的房子以后，工厂已经扩大了许多。后来公司搬到了邻近的一个比原来更大、更结实的厂房里，而且还打算添置更多的设备。

　　但是他们还没有能力在目前的小生产线上一年生产 10 万台收音机，同时还要生产其他的东西。他们的能力少于月产 10000 台收音机。如果承接 10 万台晶体管收音机的订货，他们就必须招聘和培训新工人，并扩充设施。这些意味着大笔投资和大规模扩产，也意味着一场大赌博。

　　盛田昭夫没有经验，还是一个年轻的新手，但是他有自己的智慧。他考虑了他能够想到的所有后果，然后坐下来画了一条曲线，有点像倾斜的字母 U。

　　5000 台的价格是正常价格，在这条曲线的起始部分。10000 台的价格要打折扣，所以在曲线的底部。至 30000 台时价格回升。50000 台的单价比 5000 台的高，10 万台的单价比 5000 台的要高出很多。

　　盛田昭夫知道这听起来有些奇怪，但他有他的道理。如果仅仅为了完成一次 10 万台的订货而将生产能力扩大一倍，第二年又无法再得到同样的订货，那他们就会遇到大麻烦了，可能会破产。因为情况如果真是那样，他们怎么能够负担得起新雇的职员和新增的闲置设备的开销？这种想法是保守的、谨慎的。

　　盛田昭夫有信心，如果他们承接下大宗订单，那么在有订货的情况下，赚来的大量利润可以付得起新设备的费用。然而扩产并非如此简单，要搞到新的投资是很困难的。盛田昭夫并不认为这种依靠订货的扩产是好主意。

在日本，他们不能在订货情况好的时候就雇人，不好的时候就裁人。他们对雇员承担长期的义务，反之雇员也对公司承担义务。

当然，盛田昭夫还有一点担心，如果他对 10 万台的开价太低，经销商可能会说，他愿意要 10 万台，但是先以 10 万台的单价买10000 台试一下，以后他可能根本就不再买了。

第二天盛田昭夫拿着报价又来了。那个经销商看了之后眨了眨眼睛，好像不相信自己的眼睛。他放下报价，耐心地说道："盛田先生，我干销售代理这一行已经快 30 年了，你是到过这里的人中的第一个，对我讲买得越多价格越高。这简直不符合逻辑！"

盛田昭夫向他解释了他的道理，对方仔细地听他讲。当他不再感到吃惊后，他犹豫了一下，然后笑了笑，以 10000 台的单价订了10000 台收音机，这对双方都比较合适。

盛田昭夫是幸运的，他对经商没有经验，也没有一个老板在身后督促，所以当他决定开出那份报价时，公司里没人可以加以否定。他在实干中逐步制定公司的政策。

20 世纪 50 年代中期，盛田昭夫并不是唯一的在纽约经商的日本人。但是他们中的大部分人，或者说很多人，都是仰仗懂得外国市场、在海外建立了办事处的日本大贸易公司。盛田昭夫并不认为这种做法十分好，因为这些贸易行都不懂得他们的产品，也不了解盛田昭夫的经商哲学。

盛田昭夫觉得具有讽刺意味的是现在美国的商人常常抱怨日本的分销系统太复杂，因为当他第一次计划向美国出口时，他对美国的市场之复杂感到惊讶而灰心丧气。每当他对美国商人谈到这一点时他们总是觉得出乎意料。

那时候为了把日本的商品出口到美国，公认的做法是把货交给一家在美国设有办事处的、有经验的日本贸易公司，由它把货再运到美国的港口，他们在那里的代理办完海关手续后把货交给分销公司，再转给批发商，最后到达零售商手里。

盛田昭夫可以理解美国和其他的外国商人在面对日本的分销系统和复杂的日语时受到的挫折，因为这就像他自己曾经面临美国系统和英语时的遭遇一样。但是他们当中的很多人已经成功地找到了摆脱现存系统的出路，这也是他当初在美国的必经之路。

索尼公司需要一条分销的途径，通过这条途径，可以把他们的新技术和它的好处更加方便地、直截了当地传递给消费者。他们花了很长的时间来寻找这条途径。这是他们必须经历的艰难的学习过程。

在美国站住脚跟

盛田昭夫作为公司的副总经理，每天要处理的文件堆积如山。如今他又承担了公司在美国的销售工作，实在是力不从心，在好朋友格罗斯的建议下，盛田昭夫决定委托达尔莫尼克公司作为索尼公司的代理。

不久，发生了一件意外事件。4000 台索尼收音机被盗。盛田昭夫立刻报了案，焦急地等待警方的回复。

在美国，盗窃案件屡见不鲜，但这件事却被报纸大肆渲染。

有一家报纸这样写道：

> 昨天，在达尔莫尼克公司的仓库里，发生了一起盗窃案。4000 台索尼收音机被盗走。
>
> 尽管路上行人很多，但在傍晚 18 时左右，却有四五个男工从二楼破窗而入，将卡车停在路旁，堂而皇之地将东西偷走了。
>
> 最令人奇怪的是，仓库里存放的不仅有索尼公司的产品，还有这家贸易公司经手的所有制造商的各种产品，可是那帮小偷却独独看上了索尼的产品。
>
> 索尼是日本一家普通公司，但发展速度却相当惊人，最近已进军美国市场，他们的产品非常受欢迎，具有独特的魅力。

看到报纸后，盛田昭夫转忧为喜，他没想到自己一分钱不花，却有几个小偷帮他做了一回广告，收到的宣传效果是出人意料的。由于这起偶然事件，索尼公司一夜间闻名美国，被盗损失总额高达 10 万美元，但是那不是索尼公司的损失。

索尼公司分文未花，却达到了极其有效的广告宣传效果。不仅如此，还意外地得到了相当于被盗数量 4000 台收音机的追加订单。

这段插曲说明了索尼公司的收音机在美国受欢迎的程度。

收音机被盗事件也使索尼公司一跃成名，终于在美国站稳了脚根。

可是这时，索尼与达尔莫尼克公司之间却出现了问题。原来，索尼的名声越来越响，销售数量直线上升，达尔莫尼克公司这家代理店，不考虑如何保证商品质量，却总是降低商品价格。

有一次，甚至未经盛田昭夫的同意，达尔莫尼克公司便自作主张地将收音机的皮套降价出售。盛田昭夫为此非常气愤。

他找到经理，生气地说："为什么总是不经我同意，就擅自降价呢?"

"我这样做，也是为你们好，大家都可以多赚些钱。"

"我们更强调质量，注重长远的利益。"

"你们应该生产那种价格低廉一些的收音机，这样薄利多销，一定可以大发一笔的。"

经理没有领会盛田昭夫的意思，反而兴冲冲地说："请原谅，我实在没法同意您的看法。"

盛田昭夫接着更加认真地说："我们不想为了赚钱，而降低产品的质量。"

经理开始默不作声。

"索尼的商标不是廉价商品的代名词，请您以后不要再自作主张了。"

"好吧!"经理悻悻地答应了。

没多久，索尼公司向全世界公布了晶体管电视研制成功的消息。达尔莫尼克公司见有利可图，居然没和盛田昭夫打声招呼，就以代理店的名义做起了广告宣传。

这可把盛田昭夫给气坏了，盛田昭夫马上找到律师罗西尼。说："我要和达尔莫尼克公司解除关系。我早就对他不满意了，如果再合作下去，会有更多的麻烦。"

"你不想让对方代销电视机？"

"是，我担心这种世界首创的划时代电视机一旦交给他们，被他们降价或者打折出售，那会毁了索尼的声誉。"盛田昭夫懊悔地回答。

"你打算怎么处理？"

"我要和他们解除关系，请你帮我做这件事。"

"这会很麻烦。"

"我已下定决心，请你尽快办成此事。"

律师罗西尼答应了盛田昭夫的请求，开始和达尔莫尼克公司商谈解除关系。

可是达尔莫尼克公司拒绝接受任何解释，他们提出："如果索尼公司要解除合同，就必须赔付100万美元的违约金。"

盛田昭夫对这个数字大吃一惊。

罗西尼对此无奈地解释道："现在看来，付钱是唯一解决问题的方法了。"

"简直是漫天要价，100万美元对于索尼来说可不是个小数字。"

"不必着急，只要他们肯说出条件，就还有机会。"

"不管花多少钱，都要和这家公司解除关系。"盛田昭夫再一次强调。

经过盛田昭夫和律师的讨价还价，违约金的数目一点一点往下降了，一直降至10万美元。

"差不多到极限了，可以答应了吧？"盛田昭夫高兴地说。

可律师却不愿意，他对盛田昭夫说："再给我一天时间，我准能让他们再降。"

第二天，律师果然带来了好消息。

"违约金最后降到了 75000 美元。"

盛田昭夫不敢相信自己的耳朵，这个结果太出乎他的意料了。他由衷地感叹，并问罗西尼律师：

"你做得太好了，我该付给你多少酬金呢？"

"25000 美元。您不是说过 10 万美元已是最低限度了吗？我的报酬可是从对方嘴里抠出来的。"

自打罗西尼一显身手，成功地帮助索尼公司减少损失后，盛田昭夫为此更加喜欢他了。当时对他们而言这是一大笔钱，但是在盛田昭夫眼里原则更加重要，令人满意的是盛田昭夫的美国老师也有同样的感觉，他们必须不惜代价来结束这种交易关系。

最后，作为结算的一个组成部分，索尼公司买下了达尔莫尼克公司大约 30000 台收音机的存货。

结识网罗人才

1960 年在纽约市 2 月的严寒里，几个未来索尼美国公司的成员面对的却是好几卡车的收音机，每个收音机都用漂亮的纸盒包装起来，这更增加了它的体积。

爱文·沙格尔提供了放收音机的仓库，当卡车冒着 2 月份清晨冰冻的严寒开到那里时，他们什么工具也没有，只好穿上工作服，把货物扛进仓库。他们 5 个人从头一天的上午一直工作至第二天早晨的 4 时。等到 30000 台收音机整齐地码放在防滑垫木上之后，他们才拖着疲惫的脚步走进办公室去喝点速溶咖啡。

仓库保管员查利·伐尔给大家轮流倒上咖啡后就回家休息去了。他们中的一个人想再去检查一下箱子的码放情况，他从办公室到仓库去，重新清点一遍数量之后又回到办公室来，但是在他开门时不小心弄响了匪警装置。

保安人员冲进来把他们当场抓获，一群日本人和一个美国人，正在喝咖啡，满身污迹，一脸倦容。当然这很难是他们想象中的抢劫情景，但仍然很可疑。

爱文·沙格尔是公司负责人之一，又是在场的唯一的美国人，所以他一个劲地向保安人员解释盛田昭夫是这家公司的经理。保安人员看到他们的脏工作服，投下了怀疑的眼光，没有相信他的话。

伐尔知道匪警系统的密码，但他还在回家的路上，无法与他联系，只好相互干瞪眼。

最后还是沙格尔想出了一个开保险柜的办法。这个主意使得保安人员一时感到有点恼火。但当他们看到沙格尔真的知道号码，打开了保险柜，拿出了公司的文件来证明他的身份时，也只好勉强认可，他们一边摇头，一边走了出去。

这次虚惊使得他们更加觉得亲如一家了。

盛田昭夫花了很长的时间寻找一条途径，来打开索尼公司产品在美国的销路。

非常幸运，盛田昭夫的一个日本老朋友山田志道，介绍他结识了阿道夫·格罗斯先生。格罗斯先生是一个制造商的代表，自己也开了一家公司，叫阿格罗德公司，在百老汇大街 514 号。

当盛田昭夫向格罗斯谈起索尼公司和公司想要干的事业时，格罗斯说他很喜欢，并且立即答应做索尼公司的代表。他甚至在他的办公室里当即给盛田昭夫留了办公桌的位置，他们之间的关系发展成为私人交情，同时还保持着业务上的往来。

他和盛田昭夫成了好朋友，也成了盛田昭夫的老师。盛田昭夫非常幸运地在美国找到了几位好老师。其中有一位是他在东京遇到的，他是夏威夷出生的日籍美国人，他的名字是嘉川义延，大家都叫他"医生"。

这个美国人到日本来，在占领军的经济部当律师。1952 年占领结束后，他选择了继续留在日本，为几家日本公司当代表，其中还包括一家电影公司。

盛田昭夫请他给索尼公司当顾问，盛田昭夫早年几次到美国都是他陪同去的。这样，盛田昭夫有了几位好老师，阿道夫·格罗斯、嘉川义延，还有一位，也许是盛田昭夫最好的老师爱德华·罗斯尼，他原来是格罗斯的律师，后来成了盛田昭夫的律师。

阿道夫那时已有 50 多岁，而盛田昭夫还只 30 岁出头，但他们成为忘年至交。他很和蔼、机智，毫不做作，说话轻声细语，好像是在说笑，但是充满正直。

他对国际贸易很感兴趣，事实上他已经准备进口一些欧洲的高质量电子产品，包括德国制造的伊来克唱盘，它在早期的高保真发烧友中大受欢迎。

第一次见面的那天，他俩谈了很久，他对盛田昭夫和索尼公司以及公司的原则都非常关心，想知道有关的每件事。在很短的时间里，盛田昭夫从他那里学到了不少关于在美国经商的经验。

他向盛田昭夫解释美国和美国的商业世界，还包括了一些非常实用的情报，例如不同商店的形象和特点以及在美国经商的最佳途径。他也试图使盛田昭夫美国化或者说至少教会了他一些人情世故。

1958 年阿道夫·格罗斯在伦敦死于突发心脏病，盛田昭夫受到沉重的打击。盛田昭夫一直对他有一种强烈的负债感，并把他看作是他的美国父亲。格罗斯夫人一直与索尼大家庭保持着密切联系，他们总是邀请她参加索尼美国公司的一切庆祝活动。

直至格罗斯去世以后盛田昭夫才遇到他的律师爱德华·罗斯尼，同时他还结识了阿道夫的会计师爱文·沙格尔。从这两位好人那里盛田昭夫学到了有关美国的商业会计和法律知识。

当盛田昭夫考虑成立索尼美国公司的时候，他需要可以信赖的人，这两个人正是他最好的老师和助手。因为沙格尔是持有执照的会计师，所以他可以监督盛田昭夫的税务事务办理得是否合适。

罗斯尼与盛田昭夫形同手足，在一起工作，一起吃饭，一起打高尔夫球，一起处理业务上的问题。除了其他的事情之外，罗斯尼还向盛田昭夫讲授了美国的商业合同，这是日本几乎没人弄懂过的知识。

第一次和嘉川义延到美国去的时候，盛田昭夫把他领进了一家自动售货餐馆，并在一家便宜的旅馆订了房间。嘉川义延告诉盛田昭夫，这样做是不行的。为了面子与尊严，也为了公司的威望，他们必须在更高的层次开展活动。

他还告诉盛田昭夫，住最好的旅馆的最差房间比住便宜旅馆的最好房间要好得多。他坚持让盛田昭夫到好的餐馆去吃饭，学会品味菜看与服务质量上的区别。当盛田昭夫手头很紧，但又要到美国各地去旅行时，他俩有时不得不共住一个房间，但他俩总是住在较好的旅馆里。

有一个像嘉川义延那样的好老师的价值是无法估量的。那时候到美国来的大部分日本商人都抱得很紧，他们向那些比他们来得早的日本人打听这个国家。不用多想就可以看出这并不是值得称道的办法。

尽管在外国多住了几年，那些日本商人还是个陌生人，听从他们的劝告，就像瞎子给瞎子引路一样。盛田昭夫是从另外的人那里来了解美国的，他们的家就在美国，而且每个人观察事物的视力都是1.5。

盛田昭夫和井深大对人才都是格外重视，他们要痛痛快快地干一番事业，一时间，公司人才济济，科技人员信心十足，在此前后，东京通信工业公司再次吸收了大量外部人才：

吉田进，1945年毕业于东北大学工学部电气工学专业，经由西川电波公司1953年进入东京通信工业公司，AIWA，即爱华公司前副总经理，现任总经理；

森园正彦，1949年毕业于东北大学第二工学部电气工学科，先就职于西川电波公司，于1953年进入东京通信工业公司，现为索尼公司副经理；

高崎晃升，1937年毕业于北海道理学系物理专业，曾任东北大学副教授，1953年由金属材料研究所转入东京通信工业公司，后任常务董事，现为索尼顾问；

江崎玲奈，1949年毕业于京都大学物理系，先后就职于神户工业公司、奥林金电气公司，于1955年进入东京通信工业公司，曾获得1973年的诺贝尔奖，现在美国IBM，即计算机公司任职；

植村三良，1939年毕业于东北大学工学部电气工学科，曾任东北大学副教授，1955年由铁道技术研究所转入公司，后为研究部长、研究所长；

鹿井信彦，1953 年毕业于东北大学工学部电气工学科，从日本某公司转入东京通信工业公司，现为专务董事；所有这些科技人才都为盛田昭夫、井深大的人品和公司的工作所吸引，陆续参加进来，组成了一个精锐团队。

譬如，吉田进和森园正彦所在的西川电波公司是生产拾波器和录音带容器等音响器材的公司，当他们听说东京通信工业公司正在开发新产品，偶尔来公司拜访一次，就决定留下了。

高崎晃升是东京通信工业公司资助的东北大学科学计测研究所冈村俊彦教授的妹夫。

应盛田昭夫和井深大的要求，高崎晃升负责仙台工厂的建设和制造亚铁酸盐，他对井深大和盛田昭夫的诚恳待人十分钦佩。高崎晃升在东京土生土长，曾在仙台兼任东北金属的研究所长和大学讲师。也许正是因为有这段经历，高崎晃升进入东京通信工业公司后如鱼得水，仙台工厂开工之始就被委以重任——这正是井深大和盛田昭夫人尽其才的人才活用法。

深入了解美国

不久后，盛田昭夫开始频繁地来往于东京和纽约之间。

作为常务副总裁，他不能长时间地远离东京，但是作为正在美国组建公司的主要负责人，他又不能在东京逗留太久。

盛田昭夫开始感觉到应该把索尼公司更加牢固地建立在美国。他必须更加深入地了解这个国家，虽然他在美国有很多朋友，但他仍然需要进一步地了解美国人的生活方式和思维习惯。

在美国建立公司的名声是一回事，了解美国人又是一回事，而且更难。但是盛田昭夫意识到他个人的未来以及公司的未来很大程度上都将依赖于美国和其他国际业务。

索尼公司的产品半数以上已经出口，盛田昭夫有这样一种想法，索尼公司必须成为世界公民，在他们做生意的每一个国家成为好公民。索尼公司必须知道更多的市场统计和销售数据。

盛田昭夫决定成立一个公司，叫作索尼美国公司。回到东京后，井深大和岩间都表示怀疑，更不用说集中在纽约的索尼公司的那些低层干部和雇员了。盛田昭夫坚信应该做这件事，而且没有人能提出非常好的理由来反对此事。

盛田昭夫在东京的同事们决定，因为只有他最了解美国，这件事就由他去办。在任何情况下，这种事看起来都是一个长远的项目，所以盛田昭夫决定一旦时机成熟后再开始进行。但是后来他并没有等待很长的时间。

盛田昭夫很早以前曾向大藏省提出申请，汇 50 万美元到美国，以备日后使用，但是一直没被批准。出乎意料的是，正在他考虑成立美国公司的时候，批准函来了。这样，在 1960 年 2 月索尼美国有限公司成立，资本是 50 万美元。

16 个月以后索尼公司在美国市场上作为美国受托收 ADR 上市了 200 万份索尼普通股票。

对于盛田昭夫来说，这是一次深刻的学习过程。虽然战前东京电力公司曾在美国市场上发行过债券，索尼公司却是在美国发行股票的第一家日本公司，索尼公司能够做到这一点，是因为当时刚刚建立的 ADR 系统。

在 ADR 系统下，股票虽然被发行地的股东持有，但是提供股份的收据却委托给一家美国的财政机构，这些收据可以在美国交易，就像一般股票一样。

索尼公司的银行是野村证券公司。史密斯·巴尼公司的美国分公司及其总裁伯勒·沃克都认为索尼公司应该进入美国股票市场，在美国发行股票可以搞到资金，这种可能性激起了盛田昭夫的兴趣。

1960 年的秋天，他们在东京讨论了这件事，史密斯·巴尼公司同意和野村证券公司一起担当管理担保方。

早在 1960 年的时候，盛田昭夫就在东京的银座地区开了一个展示室，在那里潜在的顾客们可以试用他们的产品，而没有推销员在一旁促销，展示室成了一个大家都很喜爱的地方，它的广告价值是巨大的。因为他们是新公司，盛田昭夫必须向日本人介绍自己，就像后来他还要向美国人和欧洲人做自我介绍一样。

盛田昭夫一直想在纽约建立一个展示室。盛田昭夫巡视了这座城市，意识到如果他要找的人是有钱人，他们买得起索尼公司的高价产品，那么应该到第五大街去找。

盛田昭夫在曼哈顿中区的第五街徜徉，观察那里的行人和商店，结果给他留下了很深的印象。他把搜寻的范围缩小到第五大街的东段，在第四十五路口和第五十六路口之间，因为那一段看上去是最高雅的部分。

然后盛田昭夫开始寻找合适的、临街的出租门面，他注意到这条街上展示出很多国家的国旗，但还没有日本的。盛田昭夫决定，当他们的展示室开张的时候，他们将第一个在第五街上挂出日本国旗。

为了找到一个合适的地方，盛田昭夫花了两年的时间，最后只好定在一间相当小的房间里。他亲自动手画了一张布置图，并在一面墙上镶了玻璃，使房间看上去显得大一点。他在展示室里工作，试着适应美国人的生活节奏，他突然想出了一个主意，认为自己应该把家搬到美国来，去体验一个美国人的生活。

当盛田昭夫一个人在纽约时，他收到过很多的邀请，结识了不少人，但是他知道如果他在美国有个家的话，这种经验将会更加丰富。他还通过在美国的经历，发现了日本人与美国人在很多方面都存在着巨大的差别。

盛田昭夫没有对别人谈起过这个想法，但是随着时间的推移，他越来越自信应该这样做。美国是个开放的、进步的国家，而纽约一直是通往世界的十字路口。

1962 年 10 月，盛田昭夫带着他的妻子良子到纽约参加展示室开张仪式，在开张仪式最激动人心的时刻，他认为时机已经成熟，于是大胆地向她说："良子，我们搬到纽约来住吧！"

良子非常了解他，所以听到这个消息后她甚至并不显得很惊讶。盛田昭夫知道，她出生在东京这样一个大城市里，她可以处理好搬迁到另一个大城市里去的事情，虽然她不会说英语，但她还是会改变自我，适应新的生活方式。

她下决心来完善盛田昭夫的计划，实际上她的为人处世使每个人都惊奇不已，由于这次搬家，她甚至还建立起了自己的业务。

盛田昭夫知道她会将一切安排妥当，因为他长年出差在外，把她一个人留在东京，她不仅要照料家务和孩子，还要充当他的私人秘书和业务联系人。盛田昭夫不在家的时候经常给她打电话，让她把一些信息转到公司办公室或者其他地方去。

在美国很多事情都不一样，但他知道她的个性和信心将帮助她获得成功。现在她在国外已有很多朋友，因为她后来表现出非凡的待人接物的才能，而且懂得成为民间外交家的诀窍。

因为良子从小到大对外国并没有真正的兴趣，也并不想到处旅行，她的法国大菜做得很好，所以盛田昭夫觉得这一切更加令人敬佩。她出身武士家庭，她家在德川幕府时代后期开始做书籍销售和出版的生意，一直发展成为很大的连锁书店。

良子年轻时的生活充满活力，她家在东京的住宅和盛田昭夫家在名古屋的住宅没什么大的不同，家里有佣人，有亲戚，热热闹闹，姐妹们和一个弟弟在一起有欢笑也有争吵。

她曾回忆说：

> 家里一天到晚都有人谈生意，就像盛田昭夫的家里一样。还是小孩的时候，她只出过两次远门，是到东京以西的箱根度假区去，就在富士山附近。

1951 年两人经人介绍相互认识之后，她承认，小的时候，她认为像盛田昭夫的老家名古屋那样还要往西去的地方已经是一片荒野了。但是她的父亲穿西装，也算得上是一个国际主义者。

盛田昭夫和良子有两个儿子，英夫和昌夫，还有一个女儿，名叫直子。英夫 10 岁，昌夫 8 岁，小直子才 6 岁。盛田昭夫感觉到全家出国居住这种经历对他的家庭很有好处，虽然刚开始的时候每个人都会感到很难。

回到东京后，井深大对这件事表示疑虑。

他反对的主要理由是他不愿意他的常务副总裁离得太远，但是盛田昭夫提议他可以每两个月回来一次，在东京住大约一个星期。盛田昭夫极力提倡使用电话，他解释说，其实任何时候他俩都可以保持联系。

在盛田昭夫的劝说下，井深大最后同意了。盛田昭夫知道他迟早会同意的，于是开始将计划付诸行动。

在纽约，盛田昭夫让办公室人员为他的家人找一套住房，不久他们就为他们找到了理想的公寓。

一个叫纳逊·密尔希太的著名音乐会小提琴家住在第五街1010号第三层的公寓里，就在第八十二路口大都市博物馆的对面，他决定搬到巴黎去住两年，想把公寓连同全套家具暂时租出去。

租金相当高，至少以他当时的财力来说是很高的，一个月1200美元。但是其他的条件样样令人满意：位置优越，不需要搬很多家具到纽约去，甚至不需要任何装修。

密尔希太大师的品位对于盛田昭夫很合适，他们可以马上搬进去。公寓里有12间房间，他们在日本住惯了小房子，这里简直就是宫殿了。其中有4间卧室，加上佣人的房间，一个很大的起居室，单独的餐厅和一间书房，房间都很宽敞，富有情趣，而且配有舒适的家具。

到了晚上，博物馆的灯就亮了，照在整个建筑的正面，盛田昭夫一家想象着这就是巴黎，虽然纽约已经对他们很富有魅力。

盛田昭夫在4月份住进了公寓，因为孩子们还在上学，所以他们家要到6月份才能搬来。盛田昭夫虽然是一个人住，但却有很多事情要干。

每天他乘公共汽车去办公室，与纽约人挤在一起，听他们谈话，像一个社会学家一样，观察他们的生活习惯。盛田昭夫也销售产品，给客户打电话。只要有空，还要去曼哈顿为孩子们找学校。

史密斯公司的山姆·哈特威尔在找学校的事上给了盛田昭夫很大

的帮助。他的孩子也在城里的学校上学，所以他对这方面很熟悉。他给盛田昭夫很多忠告，甚至为他安排面谈，有时还陪他一起去。

盛田昭夫曾到 20 所学校里去面谈，想找一个合适的，希望他们愿意接收 3 个完全不懂英语的日本小孩。

盛田昭夫在为孩子们找一个学校，至少愿意让孩子们在那里学两年，因为盛田昭夫刚开始时只打算在纽约住两年。没有几个学校对此事感兴趣。大多数学校已经建立起受欧洲影响的传统。

最后还是圣伯纳德学校的校长说，他很有兴趣使他的学校更加国际化，他同意接收盛田昭夫的儿子。盛田昭夫也为直子找到一家学校。随着孩子上学问题的解决，盛田昭夫的家就可以搬到美国来，他开始感到轻松多了。

下一步，盛田昭夫还要把这件事告诉孩子们。于是他飞回东京，带着全家到新的皇宫饭店去，在那里租了一个套间度周末。

那一年是 1963 年，东京正在准备迎接 1964 年的夏季奥运会，开工修建高速公路系统、许多新的饭店和其他设施。在这个令人激动的时候应该让家里的人住进东京最新的旅馆里享受一下。

英夫对进房间之前不必脱鞋这件事留下了深刻的印象。那个星期六的夜晚，他们来到顶层，在优雅的、可以俯视皇居的皇冠餐厅饱餐了一顿，回到房间后盛田昭夫说出了准备搬到美国去的消息。他还向他们许诺，途中要去玩迪士尼乐园。

孩子们并不知道他们将会到一个什么样的新环境中去，但是 8 岁的昌夫却非常愿意。后来他说，因为所有的西方电视节目都有日语配音，他以为美国人也说日语。

英夫年龄稍大，对搬家不太热心，他不愿意离开他的朋友。但是盛田昭夫还是真的送他们去了迪士尼乐园，就住在那个公园的旅馆里，让孩子们在去纽约之前玩了个够。

盛田昭夫意识到了这次搬家对家里人的影响，但是他相信"身临其境"这种理论。一个星期之后他们来到纽约，在安家之前，他们把儿子送进了缅因州的维诺那培训营。

盛田昭夫想象不出还有比这更快的办法能使他们早日适应美国的生活节奏。培训营规定他们在开始的两周内不得去看孩子，这样他们将要完全依靠自己，而且很快就会得到调整，以适应新的生活。

盛田昭夫把儿子送进培训营后，他建议良子去考一张美国的驾驶执照，盛田昭夫告诉她，在美国每个人都必须开车。另外还有些业务需要她开车去办。此外，盛田昭夫的儿子们在缅因州，他自己又要出差，良子必须学会自己照料自己。

盛田昭夫觉得他们应该能够到郊区去看望朋友，周末时能够出去旅行。在准备题试的时候，良子对自己有限的英语口语能力很担心，她把全部的考试资料都背下来了，包括100道可能的试题，尽管她并不太懂。她以优异的成绩通过了题试，路考也没有问题。

当盛田昭夫在美国初建公司的时候，经常有日本的工程师和其他人到纽约来，良子对他们而言简直成了无价之宝。有时候那些工程师会生病，或者吃不惯怪味的食物，或者遇到搞不懂的事情时需要帮助，这种情况下，良子除了会为他们做饭，还会给他们出主意。

他们的书房变成了一个电子实验室，工程师们在那里检查和测试对手厂家生产的电视机。书房里到处都是电视机、零件和工具，那些日本人整天地来回走动。

夏令营的生活刚开始的时候对儿子们来说是艰苦的。那里没有其他的日本孩子，他们被分到不同的小组，睡在不同的帐篷里。营长买了一本英日字典，这样在他们完全搞不清楚的情况下，他还可以对他们说几个他刚学会的日语单词。

昌夫说，他在那里事事都照着别人的样子去做，刚开始的时候他并不懂为什么要那样做。在维诺那培训营有很多让个人选择的机会，这与日本的夏令营大不相同，日本的夏令营中每个人学的都是同样的课程。昌夫总是与多数人一样。

由于他们年龄的不同，英夫被分到中级班，昌夫被分到初级班。所以他们只有在吃中饭的时候才能见面。两个不会说英语的日本孩子要学会怎样打棒球和游泳，还要与美国孩子一起攀登岩石，而这些孩子说的却是第三种语言——美国俚语。

他们和其他的营员相处得很好，盛田昭夫和妻子周末时尽可能地去看望他们。英夫特别能吃，他很喜欢充足的份饭，各种冰激凌，大量的西瓜和水果汁。

昌夫不太喜欢培训营，但是第二年夏天到了该回营的时候，他还是急切地想回去。后来到了要退营的时候他还感到不高兴。

孩子们学会了独立自主和美国式的作风，这些对他们都是非常健康的。他们看出了美国人与日本人之间的区别，开始懂得了祖国的荣誉感和国旗的象征意义。

每天早晨，他们感受到唱美国国歌和升美国国旗时的伟大。后来盛田昭夫在东京建一所新房子时，也竖了一个旗杆，两个儿子回到国外去上学之前，每天早晨他们都要去升起一面日本国旗。

那一年直子太小，还不能到夏令培训营去，所以她被送到了城里的毕奇伍德培训营，只在白天接受训练。她慢慢地习惯了新的生活，很小的孩子看起来有一种适应性。

在纽约上完一年级后，她看来已经够条件上夏令营了，由于听她哥哥讲了维诺那培训营的故事，她自己也这样想。

第二年过了两周之后当盛田昭夫他们第一次去看她时，她带他们走到湖边，上了一艘小船，她自己划船让他们到处周游，她为取得的成绩感到自豪。

良子的英语刚开始时非常糟糕，但是她下定决心学好它，她学英语，听英语，而且很快就交了一些朋友。

每当盛田昭夫出差在外时，如果她在公司没有重要的事要办，她就带孩子们去卡特斯基滑雪，或者到纽约市郊去看望朋友。周末如果盛田昭夫在纽约，有时他们会出外野餐，良子开车，盛田昭夫就把地图放在双膝上，像一个导航员。

良子对招待来宾也很内行，举办午餐会和鸡尾酒会她只要一个日本的帮手，她就像是个勤劳的女佣。

良子刚开始的时候遇到了一些困难，因为美国客商和其他一些人的妻子经常邀请她去赴午宴，而盛田昭夫他们当时在纽约只有一个翻译，还是个男的，良子觉得带他去参加妇女们举行的午宴不太合适。

另外在日本，男人们从来不带妻子参加外面的业务娱乐活动，在其他的场合，当两对或者更多的夫妻同时出席时，丈夫总是和妻子坐在一起。但是按西方的礼仪，男主人会让女贵宾坐在他的右边，经常离她的丈夫较远，所以良子真正地感受到了语言交流上的压力。

创造索尼的辉煌

当景气衰退的时候，我们不应该辞退员工，公司应该自己牺牲一些获利。这是管理阶层应该承担的风险，也是管理人员的责任。

——盛田昭夫

继续拓展海外市场

20 世纪 60 年代中期时盛田昭夫出差比以往更多了。

在索尼公司，他们早就深深地投入到录像业中，甚至在他去美国住家之前就是这样。他们心里早就有了家用录像机的想法，设计制图也已有好几年了。当时电视机还是黑白的，正在普及到各地，他们生产多少台就能卖掉多少台。

美国的安培克斯公司正在生产大型录像机，用于广播行业。这使井深大和盛田昭夫都想到人们肯定会希望在家里有一台录像机，供私人使用，就像他们有录音机一样。

一些非常有进取心的年轻职员和助理支持这种看法，大贺典雄就是其中的一个。

1950 年他第一次见到索尼的录音机时还是东京艺术大学学声乐的学生。由于他对索尼公司最初产品的大胆批评，多年来盛田昭夫一直很注意他。他是一个录音机的拥护者，但他对索尼的产品却非常苛刻，因为他对索尼早期的产品并不满意。

他说，放音和录音时速度变化引起的失真太大了。他的想法极富挑战性，他说："一个芭蕾舞演员需要一面镜子来完善风格和技巧。一个歌手也需要同样的东西，一面声音上的镜子。"

第一批用于广播电台的安培克斯录像机很大，大概占满一间房，价值 10 多万美元，用的是两英寸宽的磁带，绕在敞开式带盘上，真是个累赘。

对于家用产品，索尼必须设计小系统，这将要花费很多时间。从绕在敞开式带盘上的两英寸磁带开始，他们做了好几个样机，一个比一个小。

20 世纪 60 年代的时候，索尼的产品用于泛美和美国航空公司的客机中，供旅客消遣。后来他们把磁带的尺寸减小至 3/4 英寸，还做了一个磁带盒，把磁带放到里面，像盒式录音带一样，只是大一些，叫作盒式录像机。

自从 1969 年索尼公司将它投入市场后，它就变成了全世界的标准，替代了广播电台的两英寸录像机。

录像机也变成了工业机器。福特汽车公司买了 5000 台，用于各地的代理行，培训销售人员。其他的公司使用成千上万台这种录像机来培训技术员和推销员。

由于这种机器变得非常实用，所以开创了电子新闻采访的年代。摄像机很小，而且又易于操作，使用录像带可以省去摄制与编辑之间的时间，再说也不需要花大量的资金去建立和维修胶片加工实验室。

但是井深大却不满意。

这种机型由于太大和太贵还是不能成为家用产品。后来他们生产出世界上第一台使用半英寸录像带的全晶体管家用录像机，而且还在不断地增加各种机型，井深大仍然感到不满。他想要的是真正小型化的机器，使用非常方便的盒式录像带。

有一天，他从美国出差回来，一进办公室就把录像机开发小组的人员召集到一起。他强调目前最重要的项目就是家用录像机，机器的大小是关键。

他从包里拿出一本平装书，这本书是他在纽约机场买的，他把书放到桌子上说："我要的录像带就这么大，这是你们的目标。这种尺寸的录像带至少应该能够录一个小时的节目。"

这是一个挑战，结果开创了盒式录像系统。

无论是在国内还是在国外，索尼的生意都越做越兴旺。

1964 年索尼开始生产桌上计算器。1964 年 3 月，在纽约的世界交易会上索尼公司展出了世界上第一台固态组件桌上计算器。盛田昭夫亲自到会主持展示仪式，他一直很乐意做这种事。

有一次在纽约盛田昭夫正在向《纽约时报》的记者们展示摄像机，他听到外面传来了消防车的声音。他从窗户往外望去，看到浓烟从他们自己的地下室冒了出来，他赶紧抓起摄像机，当消防队员赶来时他拍下了当时的场景，然后立即放给记者们看。那次是他平生做得最好的一次展示。

后来他们又上市了一种特殊的计算器，称作 SOBAX，即音乐库，是固态组件算盘的意思。但是很快他们就意识到许多日本公司已经加入到计算器的制造业中来了，盛田昭夫知道不久就会因为残酷的价格之战淘汰掉一些厂商。

这就是日本市场上的现实，对这种事他们总是力图加以回避。当事情已经很明朗，其他厂商准备不顾风险、利用降价来占领市场时，音乐库放弃了制造计算器。

盛田昭夫的预测是对的。很多计算器制造商破产了，其他的也被赶出了市场，损失惨重。在音像和电视行业中还有很多事情等待索尼公司去迎接挑战。

但是通过反思，盛田昭夫认为自己当初作出的退出计算器行业的决定可能操之过急。如果当初坚持搞计算器，索尼可能就会在数字技术的早期开发中大有作为，并可将这些成果用于后来的个人电脑和音像应用技术中去，就可能在竞争中上升到一个新的高度。

随着事情的发展，索尼后来还是必须搞到这种技术，尽管索尼曾经拥有这种技术的基础。所以从商业的观点来看，索尼公司在短期行为上是对的，但是从长远的意义上讲，索尼公司犯了一个错误。

1964 年，因为日本要主办夏季奥林匹克运动会，而日本的每个家庭似乎都需要一台彩色电视机来观看比赛，所以索尼的生意特别好，以致要开一家新的电视机装配工厂来满足对彩色电视机的需求。

奥运会的激情实际上给整个国家带来了一个共同的目标。

奥运会促使国家去实施很多重要的、必需的改进。还在奥运会日程以前很久的时候人们就急需东京的高速公路和高速子弹列车了。当日本申办奥运会并获得这个荣誉后，很明显，道路系统是不能应付即将到来的交通状况的，而且日本也不能容忍在电视转播中丢脸，让全世界都看到日本有名的交通堵塞。

这种现象有时会在城市的大街上延伸好几千米，有时还会持续几个小时，于是高速公路以创纪录的速度修建起来。

筹办者们还意识到奥运会期间汇集的大批记者中会有成千上万的人是第一次来到日本，他们还会去参观京都的古都，大阪的商业中心，以及沿着太平洋从东京、广岛直至南边的九州的其他地方。

这些人将会使现有的铁路系统拥挤不堪，加上它本来就需要加以改造了，于是将最新的技术融合在一起，修成了一条计算机化的高速铁路——新干线。

在奥运会的准备活动中，对东京的羽田机场进行了扩建和现代化的改造，大批的新宾馆拔地而起，新的风景点美化了城市，不少的私人和日本公司针对奥运会开发新项目和新产品。

政府的有关部门认识到汽车和卡车喇叭的噪声是一个污染问题，会有损日本的形象，于是他们利用这种全国性的改进运动的机会，制定了法律来禁止不必要的喇叭声，使得城市得以安宁。

这种针对某一全国性事件而掀起的现代化运动并不是日本人的独创，但是它却大见成效。

1972 年北海道的札幌主办冬季奥运会，整个城市也经历了一场相同的现代化运动，还包括建起了该市的第一条地下铁路，奥运会期间的来访者都对这些变化感到惊奇。随着城市设施的现代化，市民们也因自己的城市赶上了现代化而感到自豪，将过去的陈规陋习甩在了身后。札幌的市民变得更加成熟，开始用更加广阔的眼光来看待这个国家的其他地方和外面的世界。

对于盛田昭夫而言，整个20世纪60年代后期，有两件事变得越来越重要了，一是要到世界各地去出差；二是要到日本各地去视察日益扩大的生产网络和研究机构。

一天到晚时间都不够用，所以公司理所当然地需要有自己的飞机，后来还有了直升机。这种事即使今天在日本也是少有的，日本的普通航空业比美国落后得多。

但是为了提高效率，盛田昭夫很快就获得了自己决定乘车还是乘飞机的权利。另外，盛田昭夫也可以乘猎鹰喷气式飞机去中国或者别的地方，但是盛田昭夫还是经常搭乘民航班机。

长途飞行对盛田昭夫来说却并不像对其他人那样令人疲倦，他在飞机上睡得很好。事实上有时候他在飞机上比在旅馆里休息得更好。他带一点寿司上飞机，也就是简单的醋饭团和生鱼，还要喝一小瓶日本米酒。然后用毯子把自己裹成一团，告诉空姐不要因吃饭、喝饮料或者看电影而叫醒他，不一会儿他就睡着了。

1985年盛田昭夫担任了日本电气工业协会会长，这使得他出差不像过去那样频繁了，但是他还得想方设法安排环球跳跃式的出差旅行。

由于这样的出差，他必须想办法来完成他的工作。因为索尼公司一半的业务在国外，而且索尼公司的风格是当一个产品的革新者，所以没有现存的模式可以遵循。盛田昭夫必须提出一套适合于自己的系统，在这种系统下索尼公司才能够生存下去。

由于通信系统时时刻刻都在改进，所以不管你在什么地方都可以保持联系，而盛田昭夫因为一天到晚都在打电话，因此被人称作电话迷。

盛田昭夫喜欢待在欧洲，特别是为了音乐和一些伟大的音乐家，盛田昭夫通过他们的产品和业务、艺术上的共同朋友与他们中的很多人成为至交。

东京和纽约的索尼展示室深得人心，这使得盛田昭夫相信索尼公司需要在东京的中心建立一个永久的标志，因为他们的办公室和工厂都远离闹市区。

索尼公司在银座区买下了一个街角，正好处在城市最热闹的十字路口上，他们在那里盖了一座8层的大楼，这是建筑法规所允许的最高楼层。虽然无法再向上发展，但往下却没有什么阻碍，所以在大楼的下面又做了6层。

地上部分是购物中心和公用设施楼层，空间已经很宽裕，盛田昭夫决定将地下的几层用于特殊用途。公司里每天都要接待大量的来访者，这使盛田昭夫想到可以在大楼里开个自己的餐馆来招待这些客人，这样肯定会给他们留下深刻的印象。

另外，日本人喜欢在外面吃饭，在餐馆里娱乐，索尼公司也可以借此赚点钱。对于决定办一个什么风格的餐馆，却颇费了一番踌躇。

盛田昭夫不打算办一个日本餐馆，虽然这样做看来是符合逻辑的。

有一次，他到韩国去旅行，每天晚上都吃韩国菜，盛田昭夫意识到出门在外的人偶尔也会喜欢当地的食品，但并不是每天都想吃的。另外也很难与真正的老牌日本大餐馆竞争。盛田昭夫觉得中国餐馆也不是个好主意，因为东京的中国餐馆太多了，以至于那些厨师经常"跳槽"。当时东京的法国餐馆很少，而且没有一家是正宗的。

盛田昭夫以前经常到法国去出差，他还认识马克西姆这家餐馆的老板路易斯·法达布，盛田昭夫知道当时他正在为泛美航空公司提供一等舱的飞机快餐，所以他有可能对这种具有新意的事感兴趣。

盛田昭夫找到他，并对他谈到在东京开一家"翻版"的马克西姆餐馆，采用正宗的装潢，与法国厨师同样的菜单、酒和餐桌服务，与巴黎的风格一模一样。他认为这是一个好主意，于是盛田昭夫派他的建筑师到巴黎去了一趟。

索尼大楼的两个底层被改建成马克西姆餐馆。1984 年，法国的 La Tour d'Argent，即银塔餐馆在一家东京旅馆里开办了分店，从那以后，东京的法国餐馆和小吃店就越来越多了。

法国来的客人在这里发现这么好的法国风味食品，都感到非常高兴。现在在巴黎甚至还有一家日本人开的面包房，向法国人出售法式面包。

此外，盛田昭夫还决定要在巴黎开一间展示室，并认为必须开在香榭丽舍大街上，盛田昭夫认为这条大街可能是世界上最负盛名的街道，甚至比纽约的第五大街更有名，尤其是晚上，它更加繁忙。深夜里纽约的第五大街上只剩下几家书店还开着门，其他的商店都打烊了，但是香榭丽舍大街上的行人不管什么时候都是摩肩接踵。

在索尼美国公司成立后不久，又成立了索尼海外公司，这家公司设在瑞士的朱格。

在伦敦和巴黎索尼公司曾请过当地的代理商帮助销售产品。在美国自办销售和市场经营后，盛田昭夫从中得到了信心，所以他决定在欧洲也应采用同样的方法。

为了撤销原来的那些销售协议，他们进行了冗长的、艰难的谈判。更改索尼公司与伦敦的代理商之间的协议相对而言比较容易，尽管索尼公司在那里长时间地亏损。

索尼公司与法国公司之间的事却很难办。为了撤销与原来在法国的代理商之间的协议，谈判花费了几年的时间。索尼公司的代理商既是财政部长的好友又是一个非常热衷于打猎的人，他有一架私人飞机。他经常带着财政部长出游打猎。

当索尼公司想撤销与他的代理协议、建立自己的下属公司时，财政部没有给予批准。盛田昭夫通过律师长期与之斡旋，最后政府很不情愿地批准了，但是只能成立一个各占一半股份的合资公司。盛田昭夫接受了这个办法，并选择了斯维兹银行，来作为合伙人。

与在法国的艰难历程相比，索尼公司在德国很容易就建立了一家下属公司。因为盛田昭夫不愿意索尼公司和职员卷入到日本人的圈子里去，他们主要集中在杜塞尔多夫，所以他们把索尼德国公司建在科隆，通过高速公路到那里去是很容易的，但是又保持了足够的距离，以致职员们大部分的时间都只能跟德国人打交道，而不是跟海外的日本人混在一起。

1971年，索尼公司在巴黎的索尼展示室正式开张，正如盛田昭夫所希望的，它开在香榭丽舍大街上，当时索尼夏威夷公司、索尼巴拿马公司和索尼英国公司已经纷纷成立。

虽然盛田昭夫当时认定在美国开一家工厂的时机已经成熟，但是这一步骤要付诸实施却并不轻松。

回顾1963年，盛田昭夫刚搬到美国去时，一家日本化学公司决定在美国开办工厂，盛田昭夫曾与这家公司的总裁进行过一次录音对话，那次谈话后来在东京发表在一家有影响的杂志《文艺春秋》上。

在谈话中盛田昭夫发表了自己的观点，在国外事先没有建立销售系统、没有充分了解当地的市场行情就开办工厂，那只是一种错误。盛田昭夫认为必须先了解市场，学会怎样把产品销售出去，在采取行动之前必须建立信心。

一旦有了信心就应该全身心地投入进去。没过几年，那家化学公司感到销售情况并不满意，竞争又非常激烈，所以他们还是从美国退了出来。他们当初有点操之过急。

盛田昭夫一直很想在美国生产索尼公司的产品，但是他觉得只有在已经占有很大的市场、了解到怎样销售并且可以提供售后服务的情况下才能开始这样做。这些条件都具备之后，他们就可以从就地取材中获得利益。

1971年，这个时机来到了。索尼公司产品的销售量很大，公司将较大的整机运到美国来。这使盛田昭夫想到这样一个问题，船运的运费是按体积计算的，而电视机中最大的零件是显像管，显像管其实是一种玻璃容器，里面是真空。也就是说为了把"真空"运过太平洋，索尼公司付出了大量的金钱，这样的做法看来太不合理了。

另外，在大市场的当地办厂还有一个明显的好处，那就是可以随时根据市场的趋势来调整生产，使设计更加容易及时满足市场的需要。

当时盛田昭夫的妹夫岩间和夫很赞成这个想法，他是索尼美国公司的总裁，住在纽约，他已经找到了好几个厂址。

刚开始的时候公司只是在工厂里把从日本运来的部件组装起来，但是到后来只需要从日本发运电子枪和一些特殊的集成电路。

独特的管理观念

最好的日本公司的成功原因中并没有什么秘密成分或者隐含公式。没有一种理论、计划或者政府的政策可以使得一个公司获得成功；只有靠人才能做到这一点。

对于一个日本的经营者来说最重要的任务是发展与他的雇员之间的关系，在公司中创造一种家庭的感觉，这是一种雇员和经营者共命运的感觉。

在日本最成功的公司总是在全体员工中努力创造同舟共济的关系，这种关系在美国被称作劳动者与管理者和股东之间的关系。

盛田昭夫从来没有看到这种简单的管理系统适用于世界上任何别的地方，而他相信，他们已经令人信服地展示出这种系统行之有效。对于其他人而言，采用日本人的系统也许不太可能，因为他们可能太受传统束缚，或者太胆小。强调人的因素必须是真诚的，而且有时还需要胆略，甚至是很危险的。

盛田昭夫每年都要亲自向新来的大学毕业生发表讲话。日本的学年是在3月结束，公司在最后一个学期招收新雇员，所以在学年结束之前学生们就知道了自己的去向。4月份他们开始参加新的工作。盛田昭夫总要把新雇员召集到东京的总部来，举行一个介绍仪式。

在日本，很多个世纪以来，很多人经常遭受贫穷甚至饥饿。城市和乡村的贫穷是很普遍的。事实上，社会底层的日本人世世代代以来仅仅只是为了生存下去而苦苦挣扎。

现在的日本人不再承认特权。虽然一些列车中还有一等车厢，但飞机上很多年来都没有一等舱位。这使盛田昭夫想起松下幸之助这位日本电子工业的伟大前辈，他在 90 岁高龄时还和他的几百名普通职员一起乘坐经济舱位从其总部所在地大阪飞往东京。

没人对此抱有更多的想法。

很少有公司像索尼这样拥有自己的飞机或者直升机，但是这些公司不像其他的一些国家那样把飞机用于高层负责人变相的私人旅游，而是只用于公司业务，以提高效率。

日本战后的成功，已经使很多人富了起来，但是现在却没有像英国或者欧洲大陆上那样拥有大量财富、占有土地的家族，在那里，无论是社会动荡还是政府更替，甚至战争，他们的财富似乎都照样不变。

盛田昭夫曾经访问巴黎，在一次聚会上他很赞赏一位可爱的女士佩戴的钻石项链。她的丈夫立即非常慷慨地告诉盛田昭夫那家珠宝商的名字，以便盛田昭夫能为良子做一件精致的制品。

盛田昭夫感谢了他的好意，然后告诉他，自己买不起这么贵重的东西。

他瞪大眼睛望着盛田昭夫说："你很有钱，你一定买得起，我肯定。"

"你和我之间有很大的区别，我只是有一些钱，而你却是大富豪。所以你可以买这样的珠宝，我却不能。"

战前，像盛田昭夫那样的家庭是很富有的。他们过着与现在的任何日本人都完全不同的生活。在盛田昭夫从小长大的时期，他们的邻居都是富人，是名古屋最有钱的人。

他们拥有网球场，这在土地十分缺乏的日本是一种真正的奢侈，有女佣和管家，还有私人汽车和司机。这些盛田昭夫家都有，包括外国汽车和其他盛田昭夫想要的一切，而这一切都是由盛田昭夫父亲一人开支，他有一笔丰厚的收入。

那时候日本人在茶馆里谈生意，茶馆每 6 个月或者一年寄一次账单来，像盛田昭夫父亲那样的有钱人总是开私人支票付账，而不使用公司支票。

战后，新的法律完全改变了这种情况。如果一个人的收入的85%要作为税款上缴，那么他就很难买得起汽车、雇得起司机和支付其他业务开支了。正因为如此，慢慢地人们就习惯于由公司支付这些费用，而不再由公司的经理支付了。

盛田昭夫家的运气很好，尽管名古屋遭受了猛烈的轰炸，他家的公司和住房却没有被毁坏，几乎成了唯一的幸免者。但是战后他们再也没有女佣和管家了，他母亲开始自己动手干家务活。她说这对她的健康很有好处，盛田昭夫也相信的确如此。

盛田昭夫家必须缴纳大笔的财产税，所以他们在土地改革中失去了很多家产。他们家的田地几乎全部都租给了农民，他们种植水稻，并把它卖给盛田家的公司。

盛田昭夫家几乎失去了一切，但是没有关系，他们心怀感激之情，因为家里的3个儿子虽然经历了战争，却都平安无事，况且家里还可以继续开公司。

然而家里还是有很大的变化。在战争期间盛田昭夫的父亲不得不骑自行车上班，现在他也不可能得到一辆配有司机的汽车了。

占领军司令部编写了新的法律，旨在提高工人和雇员的权利，同时也想遏制富人们东山再起。他们的观点是那些富人，特别是少数涉及军火工业的大财阀家族以及他们的同类，必须被削弱，因为他们曾经和军阀合作过。

不管怎么样，他们肯定认为所有的富人都应该为战争负责，当然这是错误的。当时很多人都可以看出，财阀认为可以控制军方，但是最后他们却成了军方的俘虏。事与愿违，占领军司令部的命令反而使日本的工业得以复兴。

大清洗的一个积极作用就是从管理层中排除了某些身居要职的老朽，虽然同时也失去了一些好人，一群具有新思想的第二、第三梯队的年轻人被推上了领导阶层，他们正是参加实际工作的经理、工程师和技术人员。

这个措施帮助很多公司重新获得了生机，也使得其他人有机会成立新的公司，索尼公司和本田汽车公司就是其中的范例，很明显，原有的老牌大公司不再可能支配一切。甚至在老牌大公司中，大清洗也使一些更加年轻有为、训练有素的人成为高层领导。

当日本的经理和雇员都意识到他们有很多共同之处、需要制订一些长远的计划时，就产生了终生雇用的概念。根据法律，要开除雇员是很困难的，也需要花费不少的钱，一方面工人急切地需要工作，另一方面竞争激烈的企业需要保持忠诚的雇员。

战后时代，由于有了新的税法，公司付给经理们高薪也无济于事了，因为税款随收入急剧上升，很快就会达到最高档次。公司提供的福利，例如宿舍和交通补贴，可以补偿工人的纳税。在日本几乎没有听说过逃税和漏税的事。

国家税务局每年颁布最高收入者名单，并刊登在全国性的报纸上，以便每个人都能看到。

1982年税务局的报表说，只有29000名日本国民的收入超过了85000美元。

1983年时，根据经济合作与发展组织的报道，一个制造厂的典型的日本工人，妻子未工作，家里有两个孩子，他一年的收入只有其美国同行的2/3。但是可由他支配的收入所占的比例却高一些，因为在这个水平上，他纳的税比美国人少。

如果日本的工人要赚到这么多钱，就需要工作更长的时间，因为他的工资与美国工人相比还是低些。然而在日本，人们并不认为通过努力工作来获得报酬有什么不对之处。

事实上，1985年的政府调查表明，大部分的日本工人都没有休完他们享有的全部假期。

　　盛田昭夫在办工业时学到的与人相交之道是这样的，人们工作并不仅仅是为了赚钱，如果你想激励他们，金钱不是最有效的工具，你必须把他们带入一个大家庭，把他们当作受尊敬的家庭成员来看待。当然，在日本这个单一民族的国家里要做到这一点比在其他地方更容易一些，但是如果国民都受过良好的教育，那么也可以做到这一点。

　　对教育的兴趣要追溯至德川幕府的年代，从 17 世纪初算起，当时日本已经闭关锁国了将近 300 年。那时的社会完全与外界隔绝，只留下了长崎的一小部分与外国人做生意。

　　在那个时期，日本可能是世界上唯一的长治久安的国家。第二次世界大战以后的 40 年是欧洲有史以来最长的和平时期，而日本从 1603 年第一代将军德川家康夺取天下以后，直至 1868 年大政奉还从而结束德川幕府时代之前，在长达 250 年的时期之内都没有发生战争，史称"太平盛世"。那时虽然武士都佩剑，但很多人并不知道如何使用。

　　身份等级制度森严，每个人都受身份等级的制约。武士的地位最高，而他们自身又分成很多级别，商人处在最低层。要想打破身份等级的约束，只有一条出路，那就是成为艺术家或者学者。当时艺术受到尊崇，例如文学、绘画、制陶、歌舞伎、茶道和书法等。

　　精于日本和中国古典文学的学者非常吃香，一个人只要成了学者，不管他以前出生在哪个家庭里，是什么身份等级，其社会地位都可以得以提高。这样一来，农民或商人出身的人就十分热衷于教育，因为这是唯一的出人头地的途径，也是唯一的改变身份等级的办法。所有的农民都想把自己的孩子送入学校，于是当时开办了不少的私立学校。

　　1868 年开始实施明治新政时，全国的人口是 3000 万，开课的学校已达 10000 所。当然每所学校招收的学生很少。德川幕府时代未受过良好教育的父母也知道教育对于他们的孩子的价值。只要有学校，孩子聪明，他们就会送孩子去上学。

正是因为这种对教育的广泛兴趣，当明治时期开放港口、政府决定引进西方的文化时，民众中有一股很强的向外部世界学习的热情。开始实施义务教育制度时，识字率提高得很快。

在日本，一个地方工会的负责人或者工人有时会升任至公司总裁，其原因正是在于教育水平很高。例如马自达公司的总裁山本健一，刚进公司的时候只是一名工程师，以后从车间领班升到公司首领，那时候公司的名称还是东洋工业公司。

1985 年当索尼公司决定在美国建厂制造汽车时，盛田昭夫亲自与汽车工人联合工会的官员就劳动协议进行商谈。他之所以能够做到这些，那是因为他对自己的工作非常熟悉。多年以前，他曾经是马自达雇员工会的总干事，所以他与 UAW，即全美汽车工人联合会的人有共同语言。

在索尼公司的劳资关系中有着一种别的地方没有的平等。索尼公司中蓝领与白领员工之间的差别非常小。如果一个男职工或者一个女职工成功地当上了工会领导，就会引起索尼公司的注意，因为这正是管理阶层上需要的人，这种人具有说服力，能够使别人与他们合作。

管理并不是专制。一个公司的最高管理层必须具备领导员工的管理能力。盛田昭夫一直致力寻找具备这种能力的人，仅仅根据缺少学校的某种证书或者他们一时从事的工作来划分人只是一种短视的行为。在索尼公司里很少有逆反的精神，依靠反对某些东西来过日子是不可能的。

在日本，并非所有的公司工人和管理阶层总是亲密无间的。

1950 年，丰田汽车公司遭受了一次大罢工，结果导致最高管理人员的辞职。战后在其他公司也发生过一些大的、时间不长的罢工。在日本几乎每天都有罢工，当然时间很短，但是示威者最后会与管理当局达成一致。

盛田昭夫亲身经历过的唯一一次罢工发生在 1961 年，当时恰逢索尼公司成立 15 周年庆典，而他受命处理此事。索尼公司原来的工会深受左派分子的影响，那一年左派将索尼公司作为目标，向他们挑战，要求只准有一个工会。

盛田昭夫接受了工会的挑战，声称唯一一个工会是不公平的。他告诉他们："唯一一个工会违背了个人的权利。如果别人想成立另一个工会，他们有权利这样做。这才是自由，这才是民主。"

盛田昭夫的回答是针锋相对的，他感觉到工会领导人的态度越来越强硬，他们想扩大事态。盛田昭夫也有同样的想法。

工会领导人知道索尼公司将在 5 月 7 日举行周年庆典，他们威胁要在那一天举行罢工。他们认为周年庆典对于每家公司都非常重要，所以这个威胁足以使他们让步。

但盛田昭夫却不这样看。他了解他们的工人，他们中的大部分人盛田昭夫都认识。盛田昭夫知道，很多工人都有良知，他们赞成成立多个工会，他们会脱离深受政治影响的工会，而加入另一个更加负责任的工会。

盛田昭夫对员工非常有信心，他不想看到与公司有合作关系的人受到几个极端分子的诱导。于是他采取了严厉的措施。他们的头头认为盛田昭夫只是虚张声势，在最后时刻他将会做出让步，因为盛田昭夫毕竟想成功地举行庆典。

索尼公司原计划在总部大楼里举行庆典，邀请了很多上层人物，也包括池田首相。

随着庆典日期的临近，索尼公司与工会做了不少的交涉，但是他们却越来越过分了，看来他们不想解决问题。他们认定索尼公司终究要妥协，因为在举行周年庆典时街上到处都是纠察会使公司丢尽了脸面。

盛田昭夫没有向他们暴露一点内心的想法，但他把讨价还价拖到了最后一刻。直至周年庆典的前一天晚上还是没有达成任何协议。工会领导人一哄而散。

在周年庆典的那天早晨，罢工者包围了品川的公司大楼。罢工者和一些被带来凑数的人封锁了街道，一些人举着写有谴责井深大和索尼公司的标语的牌子。同时一些工程师决定成立他们自己的工会，很多人打出旗帜表示支持。成百上千的忠于索尼公司的员工也来到大街上，站在罢工者和工程师的后面。

盛田昭夫穿着晨装出现在窗前，为庆典做准备。但是井深大和其他客人没有到索尼公司大楼来参加庆典，罢工者以为他们已经迫使索尼公司取消了庆典，但是很快他们就意识到搞错了。

前一天晚上，在与工会夜以继日的讨价还价期间一直守候在总部大楼里的许多公司负责人分别给300多名客人逐一打电话，告诉他们庆典将改在大约2000米以外的王子饭店举行。

首相未受任何阻挠地参加了庆典，庆典获得了很大的成功。井深大代表索尼公司发表了演讲。

当罢工者知道上了当时，感到非常羞耻。盛田昭夫从后门溜出去，在结束之前赶到了饭店的庆典会场。当他步入会场时受到了大家的热烈欢迎，首相说："索尼公司对待极端分子的态度值得别的公司赞赏。"

原来的工会放弃了罢工，第二个工会成立起来。今天在索尼总公司有两个工会，包括原来的那个工会，有时候很难与他们打交道。事实上大部分员工并没有加入工会，但是公司与全体员工的关系都非常友好。

盛田昭夫能够与员工保持良好的关系是因为他能够设身处地地为员工着想。在日本，如果一个企业家将工人当作自己的工具来组织一个公司，那是无法营运下去的。他可以开创一个公司，雇用员工来实现他的理想，但是一旦他雇用了员工，他就必须把他们视为同事或者助手，而不是赚取利润的工具。

管理者必须考虑给予投资者很好的回报，但也必须考虑他的雇员，或者说他的同事，这些人帮助他保持公司的生命力，他必须对他们的工作给予报酬。投资者与雇员在同一位置上，然而有时雇员更加重要，因为他们会在公司里长期地工作下去，而投资者为了赚取利润，出于一时的想法就会离开或者加入公司。

工人的任务是在其工作生命的每一天都对公司的利益和自己的福利作出贡献。他们才是真正需要的人。

甚至在日本，公司也有很多种途径来实现这个目的，但是有一个基本原则，那就是相互尊重和达成这样的共识，即公司是员工们的财产，而不是少数几个高层领导的。身处高层领导职位的人有责任忠实地领导这个大家庭，并能够关怀每个家庭成员。

统一管理索尼企业

索尼有一个政策，无论在世界上的哪一个地方，都把自己的员工视为索尼公司的家庭成员和有价值的同事。

正是由于这个原因，索尼公司在英国的工厂开张之前，把管理人员，包括工程师，都带到东京，让大家一起工作，像家庭成员一样一起接受培训，所有的人都接受同样的对待。所有的人都穿一样的工作服，在只有一个相同等级的餐厅里用餐。

通过这种方式使他们懂得不应该区别待人。领导人也没有专用办公室，即便工厂的厂长也是如此。

在欢迎新职员的仪式上，盛田昭夫每次都会亲自发言：

首先，我想请你们理解，公司和大学不同，在大学里是你们交学费，但是从这个月开始，将由公司发给你们工资。

其次，在大学里只要能在考试中发挥出色，即可得满分，万事大吉，如果一个字不写，就会吃鸭蛋。但是在公司，你们每天都在考试。一旦出现错误，就不只会吃鸭蛋，还会有许多麻烦。

索尼公司不是军队，你们选择索尼完全是自己的意愿。进入公司以后，你们将在这里度过20年或者30年的时间。人生只有一次，我衷心希望你们不要为在索尼的岁月而后悔。

因此，在进入公司的两三个月时间里，请你们想想，在索尼工作是否幸福。

盛田昭夫的演讲每次都会赢得职员们的热烈掌声。职员们听过盛田昭夫的演讲之后，都觉得他的演讲非常精彩，相信在索尼公司工作只要凭真本事就可以，不再担心自己的学历不高。

索尼公司提倡管理人员与办公室的职员坐在一起并共用办公设施。在车间里，领班每天早晨在上班之前与他的同事们开一个短会，告诉他们当天的工作内容。

领班要当着全体同事的面汇报前一天的工作，汇报的时候他认真地观察每个队员的脸。如果有人的神情不对头，他就会专门去了解这个人是否生病了，或者有某种问题和烦恼。盛田昭夫认为这一点很重要，因为一个带有疾病，有精神问题，或者情绪烦恼的员工，不可能正常工作。

有时，一个人的工作或工作条件并不适合这个人。在日本变换工作已日渐普遍，没什么大惊小怪的，但与美国工人相比还是少得多。这是因为日本工作的体系里没有美国工人享有的那种机动性，美国人可以容易地辞掉一个工作，再另找一个。

盛田昭夫认为应该在索尼公司里为应付这种情况采取一些措施，以保持公司的健康，让员工心情愉快，而且他非常希望员工能够固定下来工作，认为这样更有利于保持旺盛的生产能力。

索尼公司所有的工程师刚开始都要分配到生产线上去工作很长很长的一段时间，以便他们了解生产工艺如何与他们所做的工作相互匹配。有些外国的工程师不理解更不喜欢这一套，但是日本的工程师却似乎愿意由此获得第一手经验。

在美国，一个领班可以终生当领班，如果他本人和公司都愿意这样的话，当然这也无可非议。而盛田昭夫个人却认为，如果一个人在一个岗位上干得太久，心里已经有了厌烦情绪，那么改变一下他的工作岗位会更好。

为了培养同事般的工作关系并保持联系，盛田昭夫以前几乎每天晚上都要和很多年轻的下层管理人员共进晚餐，和他们长谈到深夜。有一天晚上，他发现一个年轻人有点郁郁寡欢，他鼓励这个年轻人说出心中的苦恼。

喝了几杯后，这个年轻人感到轻松了一点，于是坦诚地说道："我进公司以前对这个公司的印象很好，认为这里是唯一适合我工作的地方。但是事实上我现在是在为某个部门的头头工作，而不是在为索尼公司工作。他代表公司，但他很愚蠢，我干的每一件事和提出的每个建议都必须通过他。就我个人而言，这样一个愚蠢的家伙代表着索尼公司，真是令人大失所望。"

这个问题提醒了盛田昭夫。他马上意识到公司里肯定还有很多人也有类似的问题，自己应该弄清楚他们的困难处境。于是盛田昭夫办了一份公司内部的周报，在上面登出招聘广告。这样一来，一些职工就可以不动声色地尝试一下其他的工作了。

他们大约每两年就把职工换到相关的或者新的岗位上，但是对于准备调动工作而又有干劲的人必须先给予一个内部调配的机会，以便他们找到自己的工作水平。

从这种做法中公司得到两方面的好处，职工通常可以找到更加满意的工作，同时人事部也能发现那些部下纷纷离去的经理的潜在问题。例如，他们发现过一个不称职的经理，因为他的部下中很多人都想调离。

解决这种问题的办法是把这个经理调到一个下属人员很少的岗位上，通常这个办法可以奏效。他们从听取职工的意见中学到了不少，因为智慧毕竟不是管理人员所专有的。

内部调动系统还有另一个重要方面。例如出于偶然，原来录用的门卫或者其他低级岗位上的职工，根据招聘广告应聘当一名广告词撰写人或者从事其他类似的工作，通过考试后，公司发现他是合格的人选，而且后来在新的工作中也很出色。

公司经常出招聘广告，征用打字员、司机或者门卫，来应聘的人并没有考虑他们的真实能力，因为当时他们急需这份工作。

刚开始时，人事部给新职工安排工作，但是人事部和经理并不可能了解所有的情况，而且管理者也不可能做到每次都将适当的人安排在适当的岗位上。

但每个员工都想找到适合自己的工作，所以盛田昭夫对那个抱怨自己的领班的工人说："如果你对自己现有的工作不满意，你应该有权找到更加合适的工作。为什么不呢？"

如果一个人选择了他想干的工作，他就会受到鼓舞，因为他喜欢干这个工作，他就会努力地干好这个新的工作。索尼公司有很多工作岗位和很多职工，有了这些从事实际工作的职工们的帮助，没有任何理由不做到人尽其才。

不幸的是这并非日本公司的典型情况，但是从很久以前盛田昭夫就决心要建立一个不同的体系，在这个体系中，变化和改进的大门总是敞开的。在盛田昭夫看来，任何关闭这扇门的企图都是错误的，所以他制定了一项制度，一旦索尼公司雇用了一位员工，他的学历就成为过去，不再用来评价他的工作或者决定他的升迁。

针对这个问题，盛田昭夫在 1966 年写了一本书《学历无用论》，结果这本书引起了不小的反响；这本书在日本卖了 25000 本，这说明了公众对现在其他大部分公司中仍然存在的体系的态度。

这本书问世后不久，在很长一段时间里，索尼公司为此很难从名牌大学招聘毕业生，因为对于那些名牌大学的毕业生，他们认为索尼公司侮辱了他们，而且他们之中有人怀疑盛田昭夫是一个粗浅的人。然而，事实并非如此，索尼公司只是想要找到有实际能力的人，而不是那些以学校的名声为资本的人。

公司在刚开张时，盛田昭夫还是管理上的新手，他没有别的办法，只好采取自己的非正统方法。刚开始的时候人很少，他可以与公司全体职工讨论每一件事，找出不同的途径，直至大家都满意或者问题得以解决为止。

盛田昭夫相信，索尼公司之所以在一个时期内取得显著进展的原因之一正是他们有这样一个自由讨论的环境。

在日本战后创建的所有公司中，索尼公司是第二大公司，仅次于本田科技公司。对于索尼公司而言，成功并没有什么不传之秘，也没有一种理论、计划或是政府的政策可以使之获得巨大的成功。

井深大是一个极具领导才能的人，他能吸引人，大家愿意矢志不渝地与他一起工作。事实上，索尼公司的历史就是一群人试图帮助井深大来实现他的梦想。他从不相信一个人的专制管理。

井深大在技术领域具有天才和创意，或者说是一种洞察未来、料事如神的能力，这使得每个人都深为折服，然而不仅仅如此而已，他还有能力使一群年轻的、充满自信的工程师组成一个管理团队，让这个团队在一个鼓励各抒己见的环境中相互合作。

当大部分日本公司谈到合作或者共识的时候，它意味着取消个性。在索尼公司，领导人却受到了将意见公开的挑战。如果这些意见与别人有冲突，那是件好事，因为从中可能产生更高层次的好办法。很多日本公司喜欢用"合作和共识"这样的词，因为他们不喜欢有个性的员工。

不管是否有人问盛田昭夫，他都要说，一天到晚谈"合作"的经理其实没有能力利用优秀的个人以及他们的想法，更不能使他们的想法一致。

甚至在索尼公司里，盛田昭夫也曾为这个观点长期地大声疾呼。几年前，当盛田昭夫担任副总裁，田岛道治担任董事长的时候，有一次盛田昭夫为了阐明他的观点，他们之间发生了冲突。

其实，田岛是个很好的人，他是一个传统派头的绅士，曾经担任宫内厅长官，专门负责处理皇室的内部事务。

不过，盛田昭夫的一些观点使田岛很生气，但盛田昭夫还是坚持按自己的想法行事，虽然盛田昭夫已经看出田岛持反对意见。

由于盛田昭夫一再坚持，很明显，田岛越来越恼火，最后他忍无可忍地站起来说："盛田昭夫先生，我知道，你和我有不同的想法。为此，我不愿意留在像你这样的公司里，在这个公司里你的想法与我的不一致。这会让我们以后很难相处的。"

盛田昭夫的回答非常强硬，他说："先生，如果你和我对所有的事情都有着同样的想法，那么就没有必要我们两个人都留在这个公司里拿工资。这样一来，我们两个中的一个就应该辞职。正是因为你和我有不同的想法，公司才能少犯错误。"

然后，盛田昭夫缓和了说话的态度说："不要生气，请想一想我的观点。如果你因为我的不同意见而辞职，那你就是对公司不忠诚。"

这在日本的公司里是一种新思想，田岛刚开始的时候感到有点惊讶，但他还是留下来了。

实际上他们的争论在公司里并不算什么新闻。如前所述，最早的时候他们还没有公司歌曲，但他们还是有一个宣言，叫作"索尼精神"，他们信奉这个宣言。他们首先声称索尼是先锋，决不甘愿跟在人家后面。

通过进步，索尼愿意为全世界服务。

索尼公司一直是这么讲的，也一直是这么做的。索尼公司还会按照这个宗旨一直做下去，索尼公司就是一个未知领域的探索者。

盛田昭夫也曾这样说过：

开拓者的道路充满了困难，尽管经受了千辛万苦，索尼人总是紧密地团结在一起，因为他们热衷于参加创造性的工作，并为这个目的贡献了自己特殊的才能，所以他们感到骄傲。

索尼公司还有一个原则，那就是尊重和鼓励个人的能力，人尽其才。从一个人身上找出他的长处，信任他，而且让他充分发挥作用，这就是索尼公司重要的力量。

盛田昭夫认为一切工作的中心其实就是人。当他们环视其他的日本公司时，他们看到认同者太少，因为他们的人事部简直就像上帝，给别人下命令，把他们调来调去，硬塞到工作岗位上。

与员工建立健康关系

盛田昭夫总是挤出时间去熟悉他们的雇员，去查看公司的每个部门，尽量去结识每一个人。随着公司的成长，要做到这一点变得越来越困难了。后来他已经不可能去逐一认识公司4000多名职工，但他还在一直朝这个方向努力。

盛田昭夫鼓励所有的经理去认识每一个人，而不要一天到晚待在办公室里，坐在办公桌后面。他经常告诫公司的领导们说：

要多和普通员工接触，哪怕多接触一个也好。

为此，只要有可能，盛田昭夫就喜欢出现在工厂或者分部办公室里，与人们交谈。

有一次，他到了东京的市中区，他的日程表上还有几分钟的多余时间，他看到索尼旅游服务公司的一个小办事处。他从来没有到过那里，于是他走了进去，自我介绍说："我相信你们从电视或者报纸上已经认识了我，所以我想，也许你们希望看一看真正的盛田昭夫。"

大家都笑了，盛田昭夫在办公室里走了一圈，与职员们交谈，几分钟内他们就产生了共同努力的感觉。

有一天，盛田昭夫到离帕罗阿托不远的一个索尼公司的小实验室去，这时，他们的一个美籍经理问他是否愿意照几张相，盛田昭夫非常愿意。

那次，他与三四十个职工分别照了相，他还对那位经理说："我欣赏你的态度，你弄懂了索尼公司的方针。"

为了庆祝索尼美国公司成立 24 周年，盛田昭夫和良子飞往美国，与美国的全体职工一起野餐或者吃饭。他们是这样安排的，和纽约的职工一起举行野餐，与阿拉巴马州多特罕磁带厂以及圣迭各工厂 3 个班的倒班职工一起吃饭。在芝加哥和洛杉矶和大家跳舞。

这个活动使盛田昭夫感到很满意。这是盛田昭夫的一部分工作，他喜欢那些人，他把他们看作自己的家庭成员。

使索尼公司获得成功的唯一真正的关键只有一个，那就是"以人为本"。盛田昭夫说：

> 索尼公司经营者最重要的使命，就是与其他的员工建立起一种健康的关系，在公司内部创造出一种家庭式的和谐感情，而这种感情使得管理阶层与员工把同舟共济的精神发挥到全体员工身上，美国人所谓的劳资双方以及股东，全都包括在内。

这种简单而又行之有效的管理模式，在日本已证实是有效的，要其他国家的人采用日本式管理制度是不太可能的，因为一方面要突破传统的束缚，同时也需要很大的勇气。

"以人为本"的管理，不但需要发自真诚的贯彻决心，也需要极大的魄力才能执行，盛田昭夫却把这套管理模式运用得炉火纯青，因为他深刻地认识到："实施以人为本的管理方式虽然风险性极高，但是从长远看来，不管你个人多么优秀、多么成功、多么精明抑或是多么能干，你的企业及未来都系于你聘雇的员工身上。说得更夸张些，企业未来的命运，实际上正操纵在公司最年轻的员工手中。"

盛田昭夫认为：如果把所有需要动脑筋的事都留给管理人员去做，那么一个公司就不会获得成功。公司的每个人都要作出自己的贡献，而基层员工的贡献不仅仅在于手工劳动。

索尼公司坚持做到让全体员工都贡献出自己的智慧。

索尼公司里每个员工平均一年提8条建议，这些建议大部分与减轻他们的劳动或者提高可靠性和工效有关。西方有些人嘲笑这种建议制度，他们说这是在强迫职工复述一些显而易见的事，或者表明缺乏管理人员的领导。这种态度说明他们自己缺乏理解。

索尼公司没有强迫员工提建议，他们对这些建议是认真的，并把其中最好的付诸实施。因为大部分的建议都与员工的工作有直接关系，他们发现这些建议很贴切也很有用。总之，除了干这些工作的人，谁还能够提出更好的意见来组织这些工作呢？

盛田昭夫想起自己与董事长田岛对不同意见和冲突的争论。如果他俩都照上司的办，那也就不会有世界的进步了。盛田昭夫总是告诉职工们，对于上司的话不必太在意。他说："不要等上面的指令，向前走。"

他对经理们说，调动下级的能力与创造性是一个重要的因素。年轻人有灵活性和创造性，所以经理们不要把事先凑合出来的看法强加给他们，因为这样一来，他们创意的花蕾可能在开放之前就遭到了摧残。

在日本，工人们要花很长时间在一起营造一种自我激励的环境，年轻人在这中间起到真正的推动作用。当管理者知道公司的普通业务是由有干劲、有热情的年轻职工去完成，他们就能够专心致志地将全部时间用来规划公司的未来。

考虑到这一点，如果把个人的责任分得太清楚就不明智，而且也没有必要，因为索尼公司教育每个人都要像家里人一样，随时准备做必须做的事。如果有些事做错了，管理者要追究到人，那就很糟糕了。

这个办法看上去不是很愚蠢就是很危险，但是盛田昭夫却认为有道理。依盛田昭夫的观点来看，重要的不是找到错误的责任人，而是错误的原因。

东京的一个合资公司的美籍厂长曾对盛田昭夫发过牢骚，在他们公司里他无法找出事故的责任人，他问盛田昭夫，为什么无论他怎么努力都找不出做坏事的人。

盛田昭夫向他解释，他们公司的成绩是建立在这样一个事实之上的，即每个人都承认对事故的责任，所以要把责任推到某一个人身上就可能损伤了全体的士气，大家都有可能犯错误。

井深大和盛田昭夫都犯过错误。他们在 Chromatron，即游戏显像系统上造成了亏损，在大型宽式盒装录音磁带上失败了，尽管它的保真度比当时市场上的 1/4 英寸标准盒带更高。他们本来应该争取更多的公司加入到支持盒式录音录像机制式中来。而他们的对手在家用录像系统的制式上正是这样做的，结果是更多的公司采用了他们的制式，虽然他们的质量更好。

但需要指出的是这些错误和失算是人的正常行为，从长期的观点来看，它们没有损害公司。盛田昭夫并不在乎为他作出的每一个管理上的决定承担责任。

如果一个人因为犯了错误就被打上标记，再被赶出"年功序列"，他在其余生的工作中就会失去主动性，这将使公司失去这个人日后可能做出的成绩。

当然从另一方面来说，找出错误的原因并将它公布于众，那么犯错误的人将不会忘记，而其他人也不至于重犯同样的错误。

盛田昭夫总是对手下的人说："向前走，去做你认为正确的事。如果犯了错误，你可以得到教训，只是不要再犯同样的错误。"

盛田昭夫对他的美国朋友说，即使你找到了对错误负有责任的人，这个人往往已在公司里干了一段时间了，如果你用别人把这个人替换下来，那不一定能够弥补他在知识和经验方面的损失。

盛田昭夫还说："如果这个人是个新手，那么对一个孩子的过失是不应该采用开除的办法来处理的。更加重要的是如何找出错误的原因，避免今后再造成麻烦。如果事先说明追究错误的原因并不会影响个人的前途，而是为了使大家都引以为戒，那么其结果就会成为有价值的教训，而不是损失。"

在盛田昭夫经商的时候，他很少因为过失的原因而开除职工。盛田昭夫总是说：

失败和错误，有时是不可避免的，如果仅仅因为员工一次失误就开除他，永远不再给予任何弥补的机会，那么对失败者来说，就会使他失去人生的勇气和工作的信心。

建立营销市场

索尼在成立美国公司后不久急需大量的人来建立销售组织，因为当时的生意做得很好，发展得很快。

新来的员工中有的人很好，但还有些人让盛田昭夫觉得压根就不该给招进来。其中有一个人给盛田昭夫惹了不少麻烦，搞得盛田昭夫很恼火，总在为他着急。

最后，盛田昭夫与他的美国同事谈到他，盛田昭夫说道："真不知道该拿这个家伙怎么办。"

他们都看着盛田昭夫，好像他的智力出了问题似的，他们异口同声地说："当然是开除他。"

盛田昭夫对这种想法大吃一惊。他还没有开除过任何人，就是对这个人他也没动过这个念头。但是美国的制度就是用开除来解决此类问题的。这种做法看起来很清晰、直截了当和符合逻辑。

盛田昭夫开始想，美国真是管理者的天堂啊，你可以为所欲为。几个月以后，他看到了事情的另一面。

索尼公司有一位地区销售经理，看上去非常有发展前途，以至于盛田昭夫让他扩大范围，到东京去结识本部的各位同事，去熟悉索尼公司的经营哲学和组织精神。他表现得不错，给东京的各位留下了深刻的印象。

他回到美国后继续工作，大家都为他感到高兴，直至有一天，在事先没有通知的情况下，他到盛田昭夫的办公室来说："盛田先生，非常感谢你的栽培，但我要走了。"

盛田昭夫简直不敢相信自己的耳朵。但这并不是开玩笑。一个竞争对手提出两三倍的工资，他觉得无法拒绝。盛田昭夫意识到这就是美国人的方式，这个事情搞得他既尴尬又难过，说实在的，当时他真不知道如何是好。

几个月以后，盛田昭夫出席了一次电子展览会，这个叛徒就站在他的竞争对手的摊位上。盛田昭夫想他们应该相互回避，但他却没有躲着盛田昭夫，而是跑过来向他打招呼，和他攀谈起来，似乎一点羞耻感都没有。

他还向周围的人热情地介绍盛田昭夫，展示新产品，好像他们之间没有发生过任何违背忠诚的问题一样。

那时候盛田昭夫才意识到，在美国制度下，他带着我们的市场信息和公司秘密背离而去是没有任何过错的。很显然，此类事情天天都会发生，所以这里远远不是管理者的天堂。盛田昭夫暗暗发誓，索尼公司一定要尽一切努力来避免这样的美国式管理技巧。

盛田昭夫还发现，西方国家的管理者在不景气的时候就裁减工人，真是令人震惊，因为在日本，除非到了山穷水尽的地步，他们是不会这样做的。

由于石油禁运，日本的原油完全依赖进口，日本曾一度深受其害。1973 年至 1974 年的通货膨胀率高达 25%，一些公司无法继续营运，只好让职工回家。但是这些人不愿意看到他们的公司身陷困境，自己却在家闲坐，于是他们又陆续地回到公司，打扫卫生，修剪草地，尽义务地干一些杂活。

一家电气制品公司让职工去一个当地的电气商店帮助那些遇到困难的零售商，充当免费的推销员。这种事情并不是出自管理者，而是出自工人们的自觉，他们把自己的工作与公司的命运紧紧相连。

盛田昭夫还听说过这样一个故事，大阪的一位被裁减下来的工人，他回到厂里后对记者透露说，他的妻子为他感到羞耻，她说："你们公司遇到这么大的麻烦，而你怎么能够成天坐在家里无所事事。"

当然并非总是如此。明治时代，财阀是国家的经济统治者，任何劳动组织的尝试都被视为激进或者更加糟糕的赤色活动。共产主义在当时是非法的，战前没有真正的民主。煤矿工人、工厂工人都受剥削。

那时的终生雇用只不过是一条单行道，也就是要求工人保持忠心，服从一个主人。而雇主却可以随便开除任何一个工人。有的人当场就被开除。

还有声名狼藉的学徒制度，这在当今的年轻人中已经鲜为人知。一个学徒为老板做事时，先要白干几年。这叫作"礼貌服务"。他们每天要干 10 至 12 个小时，平均一个月只有一两天的休息。著名的松下幸之助先生就曾在脚踏车店做过学徒。

新的自由劳动法的生效，很多老板都担心这个法律会毁掉日本的工业。尽管不能开除雇员的制度看起来很危险，日本的经营者通过一段时间的努力，还是使情况好转起来。

他们采取的是促进家庭概念的办法，在把坏事变成好事的过程中，他们有所创新，这些东西很新颖，也能持久。管理方式本身也发生了改变。现在财阀也没有了，家庭的财产实际上已经消除，每个人都成了工人。

无论如何，索尼公司还是幸运的，战争结束后，劳动者的新概念强加给了他们，而西方国家在对劳动者进行剥削和争论了几十年后还没有完全学会这个概念。

当然，在以前那些艰难的年代，老板也并不都是剥削者，然而旧式的家长作风和现在同舟共济的平等制度是有区别的。盛田昭夫实在搞不懂开除人有什么好处。如果说经营者雇人的时候要承担风险和责任，那么他还要继续负责使这些人一直就业。

雇员在这个决定中不承担最初的责任，所以出现不景气时，为什么雇员就要被经营者解雇呢？因此，在兴旺的时候索尼公司对增加员工的事非常谨慎。一旦雇了新人，他们总是力图使他们懂得同舟共济的概念，让他们知道，在不景气的时候，公司宁愿牺牲利润也不会裁员。

索尼工人的工资或者奖金也必须有所牺牲，因为他们必须共渡难关。他们还知道，管理者没有大量地侵吞奖金，在索尼公司的制度下，只有工人才有奖金，经理们不能享受经理撤职补偿，而只能得到对终生雇用和建设性工作的永远保证。公司遇到麻烦时，最高层的经理们比下级职员先扣工资。

盛田昭夫不喜欢让他的经理们认为自己是上帝挑选出来领导愚民完成奇迹的特殊人物。商业上的事有自身的特点。

但是管理方面有一件事值得注意，一个管理者可以连年犯错误，而无人知晓。也就是说，管理可以是一种模糊性的工作。

哈佛商业学院和其他人做了很多工作，获得商业管理高级文凭的人越来越多，然而尽管如此，管理仍然是一个捉摸不定的行业，它不能用下个季度的底线来判断。在到达底线时，经理们还是可以泰然自若，但同时却因无法为未来投资而使公司垮台。

盛田昭夫衡量经理时要看他能否组织好大量的员工，怎样充分发挥每个人的作用，怎样让他们相互合作。这才是管理，无论你搞哪一行，它都不是从资产负债表上时黑时红的底线开始的。

盛田昭夫曾对他的公司领导层说："不要向雇员表示你是一个艺术家，可以独自一人在高高的钢丝上演出精彩的节目。要向他们表明，你们怎样试图吸引大量的人真心诚意地跟你走，心甘情愿地为公司的成功作出贡献。如果你们能做到这一点，底线的事就不需要你们操心了。"

管理的风格是多样化的，有些人按自己的一套工作得很好，却不能适应别的方式。例如，从1972年至1978年索尼美国公司是在哈维·谢恩的领导之下，由于他的管理，索尼公司在美国的业务非常兴旺。他的方法并不是日本式的，但却建立在真实、努力、直率和清晰的逻辑基础之上。

为建立哥伦比亚广播电台与索尼的合资公司，盛田昭夫和谢恩进行过谈判，而且当时对他留下了深刻的印象，其中的原因也许正是因为他的这种风格。然而在一场逻辑的游戏中，人的因素所得到的余地太少了。

尽管老汤姆·生采取了以人为主的方法使"服务器"成长为一个工业巨人，但是索尼的老式家庭公司在美国还是很少的，他们都是一些较小的商行。谢恩不相信这种管理方式有助于扩展索尼美国公司。他与盛田昭夫为此商谈过多次，他得到了盛田昭夫的批准，对公司进行改革。

盛田昭夫认为这是一次有意义的、合理的尝试。他对公司实施了彻头彻尾的美国化改造，干得非常出色。他对上层领导班子采取了除旧迎新的变更，他建立了一套预算体系，对每一个项目从财务上严加控制。只要是与利润有关，他对每件事都要考虑到开销，这一点没人能与他比。

1975年，索尼公司准备推出盒式视频录像机录像系列，预计它将带来巨大的回报。盛田昭夫设想了一个巨大的国内广告攻势和促销运动，打算不惜成本地付诸实施。

他的感觉是这样的，首次登场的家用盒带录像机需要用一个宏大的促销运动介绍给用户，因为它是全新的产品，应该让人们看到他们可以在日常生活中用到这个产品，它可以成为一份资产，而不仅仅只是一个玩具。

但是，索尼美国公司的总裁对于这一笔巨大的开销却大皱眉头。他说，如果花了这么多钱来促销，结果又没有打开销路，那损失就太大了。

于是，盛田昭夫对他说了一遍又一遍："谢恩，你还要考虑今后

5 年甚至 10 年内得到的回报，不要只看到眼前利益。"

但谢恩有他自己的推出方式，他们也认为满意，但盛田昭夫却不这样认为。

随着出台日期的临近，盛田昭夫开始担心，推出活动会搞成个什么样子，它会造就多大的影响？盛田昭夫对情况了解得越多，就越担心。对于一个具有开创性质的崭新产品，这种推出方式给人留下的印象不够深刻。

那年夏天他与家人住在轻井泽的别墅里，但他却无法不为盒式视频录像机的推出活动操心。盛田昭夫希望它成为一次令人耳目一新的推出活动，一下子就抓住美国人的想象力，让他们看到这个机器将如何改变他们的生活，盛田昭夫对此很有信心。

那天夜里盛田昭夫为此失眠了，在床上翻来覆去就是睡不着。最后他再也忍不住了，半夜时分，他给谢恩打电话。他正在纽约开会。盛田昭夫把他叫了出来，对他大声吼道："你如果在下两个月内不为盒式视频录像机的促销花掉一两百万美元的话，我就开除你！"

盛田昭夫以前从来没有这样发过脾气，谢恩也从没有听过盛田昭夫这样大声吼叫。这对他起到了振聋发聩的作用，盛田昭夫这才感到轻松了一点。

谢恩用掉了那笔钱，盒式视频录像机得以顺利推出。但是后来盛田昭夫发现"Sonam"，即视频分享的人采取的是挖东墙补西墙的办法，他们借用了另外的开支，所以总的广告费还是不变。他们对当时十分红火的音响和电视产品削减了促销费用。

早期在谢恩的领导下，"视频分享"营运中美国管理方式的问题在于，公司总是以利润为主。而盛田昭夫认为，利润不必总是很高，因为在日本的公司里，股东们并不会吵着要立即分红，他们更希望看到长期的成长和增值。索尼公司可以从银行得到可靠的优惠利率贷款。

当然，索尼公司也要创造利润，但必须是长远的利润，而不是短期的利润，也就是说公司必须保持对研究、开发和服务进行投资，索尼公司一直是将销售额的6%用于这些方面。

经常听到有人说，服务是瞎胡闹，这种理论一旦站住了脚，服务质量就会严重下降。部件的库存意味着存货增多，也就是利息上的损失。盛田昭夫听人说，按照哈佛商学院的逻辑，这时应该采取的措施是减少服务部件的库存。

索尼公司计划在堪萨斯城开办一个大型服务中心、建立完整的服务网络时，盛田昭夫费了九牛二虎之力，向"视频分享"的管理者说明这是个好主意，而且也是必要的措施。

盛田昭夫与谢恩和其他人一再展开争论，他的论点是这样的，你如果把钱省下来，而不是再投入，在短期的基础上是可以获取利润，但是事实上这样做只不过是从过去建立的资产中兑取现金。获取利润是重要的，但还必须再投入，为了将来从中得利而建立新的资产。

当今电子工业界里事事都在迅速变化，事实上只有一件事可以肯定，那就是这个行业决不会停滞不前。日本的公司之间的竞争非常激烈。

索尼公司已经从磁带录音机走向了磁带录像机和光盘，从电子管到晶体管、半导体、集成电路、超大型集成电路，将来还会搞生物芯片。这种技术上的突飞猛进总有一天能让人们在家里拥有他们目前还无法想象出的先进设备，前途是令人鼓舞的。

听起来有点奇怪，但是盛田昭夫却搞懂了这个道理，如果你自己的销售组织权力太大，他们就可能成为这种创新的敌人，因为这样的销售组织往往给创新泼冷水。当要生产有创意的新产品时，必须针对新产品重新培训销售人员，这样他们才能教育公众并向他们销售新产品。

这种做法是很昂贵的，它意味着要对研究、设计、新设备、广告和促销投入足够的资金。销售组织的消极态度还会使一些受人欢迎、有利可图的产品变为废物，这是因为产品只有在开发成本能得以偿还，又便于推销员销售时才能获取最大的利润。

然而，如果一味关注利润的话，人们就很难发现其中的机会。在补偿与利润捆绑在一起的时候，例如在美国的大部分索尼公司中，销售经理们常常会说："难道为了几年后接替我的人，我就要牺牲现有的利润吗？"

在美国和欧洲，经理们经常会因为开发费似乎太高而放弃很有希望的产品。这是短视行为，结果使公司丧失竞争能力。

有时销售人员要在公众面前离开，而不是去引导他们。当索尼公司第一次上市盒式录音带黑白磁带录像机时，几乎立即就从一个美国的分销商那里得到了 5000 台的订单。盛田昭夫告诉经理，依当时的市场情况来看，这个订单似乎太大了。做好了心理上的准备来买这种机器的人并不太多。

盛田昭夫还说过，对待像盒式录音带这样创新性的商品还需要完成大量的教育工作。在希望获得市场上的成功之前，必须在顾客中做好基本工作。

久负盛名的日本园艺中有一种技术，在移栽一棵树之前，先要将它的根在一个时期内缓慢地、小心地、一点一点地弄弯，为这棵树经历一场大的变动做好准备。这个过程叫作"曲根"，既消耗时间又需要耐心，但如果做得好的话，就可以得到一棵健康的移栽树。为一种崭新的、有创意的产品做广告促销也是同样的重要。

由于对早期的盒式录音带录像机下的功夫太少，美国公众对这个新产品不了解，所以零售商也就卖不出去。接下来，出于失败中产生的沮丧，那位分销商只好采用了打折甩卖的方式把索尼的产品处理掉。

盛田昭夫认为这种做法是最糟糕的销售方法，而且这种方法也降低了索尼公司的身价。

有人说盛田昭夫太性急，缺乏耐心。为此，他在纽约办事处的同事们送给他一顶红色的消防头盔，因为他们说盛田昭夫总是那么着急。但是盛田昭夫也会利用第六感来对付那些可能违背逻辑的人和产品。

有些迹象让盛田昭夫觉得，大批量便携式录像机的市场尚未成熟，后来，事实证明盛田昭夫是对的。广告和促销并不能使一个坏的或者不合时宜的产品维持长久。家用录像机是正确的产品，而且也被证明是经得起时间考验的成功产品，但是它的时代还要稍后一点才会到来。

应邀访问苏联

    1974 年，盛田昭夫和他的妻子应邀去访问苏联，这是盛田昭夫第一次在社会主义国家看到工业企业。在他们动身去莫斯科之前，有人劝良子和他要带上瓶装饮水、毛巾和卫生纸，因为他们听说苏联的条件很艰苦。

    但是这个提醒一点都没有必要。他们从到达的时候起就一直受到优厚的待遇。在机场上，一辆黑色的"蔡卡"牌大轿车一直开到飞机旁来迎接他们，甚至免除了移民局和海关的一切手续。

    一名女翻译与良子同行，一名男翻译与盛田昭夫同行，另外还配了向导和招待人员。负责招待的人员非常友善，似乎一刻也不愿意离开他们俩。

    有一次，良子说："我想吃点面饼。"

    两个翻译相互看了看，感到有点困惑。她的翻译耐心地说："面饼是体力劳动者的食品，您不应该吃这种东西。"

    但是良子坚持要吃，两个翻译商量了半天，又打了许多电话，最后才把他俩带到一个地方，那里有很多工人，正在站着吃面饼。盛田昭夫和良子两个人站在一起，享用那种包有肉菜馅的、可口的小面饼。

    接待他俩的人叫叶尔曼·吉希尼，当时他是科学技术部委员会的副主席，现在他担任国家计划委员会的副主席。他是一个友好的、精明的人，能说一口漂亮的英语。

    他与盛田昭夫夫妇曾经在旧金山见过面。那次正好是在由董事会和斯坦福研究院主持的会议之后，盛田昭夫在一个聚会上遇到他。盛田昭夫惊讶地看到这个俄国人在一架钢琴上弹奏爵士乐，他弹得妙极了，在这样一种资本主义的氛围中开展社交，他显得轻松自如。

然而这次盛田昭夫在苏联见到他，他只不过显得比较开朗。他坚持让盛田昭夫夫妇尝试他的家乡菜，一种丰盛的农夫吃的食物。他带盛田昭夫夫妇去莫斯科和彼得格勒市郊参观那里的工厂，盛田昭夫看到他们在制造收音机和电视显像管，装配电视机。

盛田昭夫把那里的东西全都看遍了，却没有留下什么印象。当时的苏联在家电技术方面比日本和西方落后 8 至 10 年。他们的工具既粗糙又笨拙，生产技术的效率很低。

在盛田昭夫眼里有一点是很明显的，质量和可靠性差的直接原因是工人对工作毫无热情，而管理者又不知道怎样才能调动工程师和工人的积极性。甚至苏联人也对产品中愚蠢的设计和糟糕的质量加以讽刺，但是从盛田昭夫那次访问之后质量已经有所改进。

在访问即将结束的时候，盛田昭夫被吉希尼带到他的办公室，那里还有一位从通信部来的官员和一群官僚。

吉希尼微笑着对他说："现在，盛田先生，你已经看到了我们的工厂，了解了我们的能力。在我们国家没有通货膨胀，也不用增加工资。我们有一支非常稳定的劳动大军。我们愿意在分包的形式下与你们共享这一切。"

他似乎对他在盛田昭夫面前展示的一切感到很得意，也许有些人看到苏联人奋斗多年后取得这些进步还是了不起的。但是在盛田昭夫看来，他对参观中所见到的却并不以为然。

盛田昭夫看了一下周围的人，他们都在等待盛田昭夫说点什么。盛田昭夫问吉希尼："我能不能讲讲心里话？"

吉希尼回答说："当然，我们都渴望听到您内心深处的话语。"

"我要对你们讲真话。在日本，我们调动最优秀的人才、花费多年的时间寻求提高效率和生产力的办法，哪怕是在螺丝刀这样简单的事情上都要下很大的功夫。我们曾经绞尽脑汁去找出每一种应用条件下电烙铁温度的精确值。你们在这些方面却未做任何努力，好像没有必要一样，因为没有人在乎这些事。"

"说实在的，吉希尼先生，您这样客气地款待我们，又带我们到处参观，我不好意思对任何一件事提出批评，但是我必须告诉您，我无法忍心看到在您这样的条件下生产索尼的产品。我不能向您提供我们的产品技术。"

吉希尼对盛田昭夫的讲话表现得很坦然，然后对身边的一位助手示意，那位助手于是骄傲地递给他一台小型的、粗糙的、盒式的苏联造晶体管黑白电视机。

他对盛田昭夫说："盛田先生，我们正准备把这种电视机销售到欧洲去。请谈谈您对此的看法。"

盛田昭夫又一次不得不问他："我可以说心里话吗？"

吉希尼又一次点了点头。

于是盛田昭夫做了一个深呼吸，然后开始说："吉希尼先生，苏联有伟大的艺术天才，例如你们的音乐家和舞蹈家。你们继承了丰富的艺术遗产，你们的演员在世界上享有盛名。你们是很幸运的，因为在你们国家同时拥有技术和艺术。

"但是为什么我却没有看到两者在这台电视机里的体现呢？苏联既有技术又有艺术，为什么就不能把它们结合在一起从而生产出令人称奇的产品呢？坦诚地说，根据我们对市场和消费者品位的了解，我们不认为这样丑陋的电视机有任何商业价值。"

出现了短暂的震惊后的沉默，然后吉希尼转过身去对那位通信部的官员说："你对盛田先生的评价作何感想？"

那位官员一本正经地说："我们理解您说的话，盛田先生。但艺术并不在我们的考虑范围之内。"

这种回答简直匪夷所思。盛田昭夫开始产生了不好的感觉，他说："哦，我知道了。我只不过说了我想说的。如果您愿意给我一台这样的电视机，我将把它带回东京，我会让我的工程师给您提出改进的意见。"

后来他真的这样做了，索尼公司的工程师寄回去一个很长的报告，提出了对电路的重新设计和其他一些改进措施。当然，那些建议都是一些常规的建议，没有依照索尼的技术和要求。

虽然为了消费者的利益进行竞争的想法在苏联没有取得进展，但是中国的经验可能会对他们有所刺激。当时苏联与美国有另外一种竞争，虽然这种军事竞争的副作用促进了国防技术，但对双方的经济都造成了很大的损失。在苏联，技术似乎都集中在空间计划和国防计划这些方面，肯定不会在家用产品上。对大众而言，设计甚至技术质量都落后了。

在广播设备方面索尼公司与苏联有很多的生意。索尼公司是世界上这种设备的最大生产厂家。当然，索尼公司只有在"对共产主义地区出口统筹委员会"批准的条件下才能售出。

同样，索尼公司与中国在广播设备上也有大笔的生意。中国与苏联都想通过许可证的方式得到索尼公司的技术，特别是单枪三束电视机显像管技术。但是无论在苏联还是在中国，索尼公司没有生产任何产品，也没有允许以索尼公司的名义生产任何产品。

很久以前菲亚特汽车公司向苏联出售了一个汽车制造厂的成套设备和汽车制造技术，结果在欧洲出现了很多的汽车，它们看上去像菲亚特的产品，但是实际上都是苏联仿造的劣质货。菲亚特的声誉因此受到很大影响，索尼公司不愿重蹈覆辙，看到同样的事情发生在自己头上。

进入中国市场

　　商业竞争的想法在自由世界中的很多地方似乎都消失了，这是令人担忧的。在欧洲，特别是在法国，一些手中握有权力的人相信国有制的公司生产的产品已经可以满足他们的需要。

　　欧洲的体系仍然普遍强调减少竞争、增加利润。他们热衷于少数公司的垄断，以便加以控制。但是这种做法不利于消费者和雇员。

　　而在美国，商业体系鼓励人们去冒险，他们可以提供冒险资金，这是世界上其他地方没有的事。在日本至今都无法自由地得到冒险资金，也许是因为日本的大公司都是水平结构，有办法为自己的新项目筹资。

　　这对小企业主不利，他们必须在市场上找到合适的空缺，再在那方面想出新的办法。有些人现在正是这样做的，但是在像电子这样的高技术产业中，因为需要相当大的投资，所以现在这样做更加困难了。虽然冒险资金比以前容易搞到手，银行还是不愿意把钱贷给无名小辈。

　　想想自己当初用那么少的钱就开起了公司，盛田昭夫觉得自己真是太幸运了，而且他们还有幸聘请了众多的知名顾问，他们带来的潜在投资者提高了他们的商业信用程度。索尼公司真正的资本是他们的知识、创造力和热情，盛田昭夫相信，这些品质至今仍然很受欢迎。

　　令人感到高兴和震惊的是中国在农业和一些服务性行业中开始理解自由的市场体制，并允许进行一些自由的市场竞争。苏联也不时地受到诱惑，想往他们的体制中引进一些资本主义的刺激，但是中国对这件事却非常认真。

1979 年，盛田昭夫乘坐猎鹰喷气机飞往北京去访问中国政府的领导人。他的朋友亨利·基辛格帮助安排了邓小平与他见面。他的访问原定为"礼节性"的拜访，与邓小平的见面不打算公开。

当时中国已经成为索尼产品的长期客户，在北京中心的长安街王府井路口离北京饭店不远的地方，竖着一块巨大的广告牌，多年来一直为索尼产品做广告。除了会见政府官员，盛田昭夫还想去看看中国现代化的情况，特别是他们的电子工业。

盛田昭夫到了上海，在那里有机会参观了一些工厂，与很多人交谈，后来在北京的安排也一样。接待他的人听说了最高领导想见他的消息之后都吃了一惊。

盛田昭夫与邓小平在一起度过了一个小时，在人民大会堂的一个大厅里他们坐在厚厚的沙发上，大厅的天花板很高，墙上挂着中国壁画。邓小平对索尼公司在很短的时间里取得的迅速发展提了很多问题，他想听听盛田昭夫对中国正在进行的现代化建设的意见和建议。

盛田昭夫坦诚地指出，新的现代化项目中有很多低效率的现象。盛田昭夫毕恭毕敬地向邓小平说："您正在浪费大量的宝贵时间和金钱，我想您负担不起这样的浪费。"

在一个小时内，用了两名翻译，他与邓小平讨论了局势，邓小平主要让盛田昭夫发表意见。盛田昭夫不太动声色，但是就在他们讨论时邓小平指示电子工业部门的高级领导人以后与盛田昭夫再进行细谈。

20 世纪 70 年代末期，中国人的现代化运动充满了热情。中国政府和相关专家到日本、美国和欧洲去考察，购买成套设备和技术，这些设备只有技术工人才会使用，而中国非常缺乏技术工人。他们签订合同，建造工厂，但是他们甚至不能为这些工厂提供足够的电力。

更加糟糕的是无论他们走到哪里都坚持要看最先进的自动化设备，他们忽视了这样一个现实，也就是首先要向不断增长的人口提供就业机会，因此他们应该考虑建设劳动密集型的产业。

来日本访问的中国人总是想看日本最自动化的工厂，最新的计算机系统。他们想买的东西很多，但是有些却受到了明智的拒绝，因为在当时的发展阶段上他们无法使用那些东西。

不久以后，向中国出售机器和成套设备的一些公司就被指责有"过量销售"行为。这不是他们的过失，中国人坚持说他们知道他们需要什么。有时相互竞争的部或者部门在重复引进相同的设备时却并不知道自己在干什么。

盛田昭夫对邓小平很坦率，告诉他说："我在上海参观了一家工厂，发现那里有一台很老式的自动锡焊机，没有投入运行，因为它焊出的零件质量太差，根本无法使用。人们坐在组装线旁抽烟和闲聊，没事可干，因为合适的零件不能按时交到他们那里。"

在现代化的运动中，工程师和经理们沉溺于个人的兴趣，所以他们想买机器或者成套设备，但并不去协调整个行业的活动来达到任何目的。

在上海的一家工厂，盛田昭夫吃惊地看到一台崭新的自动化机器正在为焊接电路板上的电线端头剥除绝缘材。电线端头剥皮是一项简单的工作，用手工完成既容易又经济。那台机器的速度很快，它工作一个小时剥出的电线可以供全厂用一个月，这样的机器不能帮助解决中国的失业问题。

中国没有工程管理，在现代化的运动中他们从日本购买现成的设备生产彩色显像管、集成电路和其他零件，但是却没有一个总体规划来对所有的工厂和设备进行协调。在设计产品时他们没有充分地考虑当地的条件以及人们现在和将来的需要，而这些都是设计工作中最重要的依据。

在这以后中国政府颁发了允许外国公司与中国国营企业合资办厂的新法律。在合资法中他们声称准备承认私有制，允许向国外汇出

"合理"数量的利润，允许一部分外国人所有制的自由，允许外国人担任最高管理职务。

盛田昭夫指出，如果他们想为中国大众制造消费品，那么这些消费品就必须简单、实用和便宜。他们必须对产品进行调整以适应当地的条件，例如供电情况。另外，中国是一个地域辽阔的国家，他们的产品还必须非常结实，既能够耐受某些地区的炎热和高湿，又能够耐受其他地区的干燥和寒冷。

盛田昭夫还说到他们的产品必须易于修理，因为一旦产品销售分布广阔，他们就必须要在地球的这一大片土地上花很大的气力去建立服务网点。这意味着产品必须设计得经久耐用，在离开工厂前还要完美地通过可靠性试验。如果他们真的想为人民服务，那么质量管理就至关重要。但是在中国可靠性和经久耐用一直是个问题，产品的故障成了老生常谈。

盛田昭夫最后告诉他们，他们应该知道，这样结实、简单的产品在自由世界的发达市场上是绝对没有竞争力的，那里的消费者追求的是不同的品位。

盛田昭夫还说："如果你想在电子工业中赚取外汇，只有一条路可走。刚开始的时候，在完全散件的基础上为外国公司组装整机，在产品中加入你们廉价的劳动力。在同一个工厂中不可能既生产国内市场的产品又生产出口的产品。"

盛田昭夫佩服中国人的勇气和决心。在很短的时间内他们学会了不少现代工业的知识，但他们还有很长的路要走。日本和欧洲的产品现在在中国有限区域的市场上展开竞争。

不管是什么产品，本地货与进口货在质量和设计上的差距仍然非常明显，尽管中国货已经有所改进，而且盛田昭夫相信还会变得更好。现在已经投产的合资企业正在生产外国人设计的产品，看来有所进展。很多日本和欧洲的公司为他们在中国纺织品贸易方面做的工作感到高兴。

1985 年中国的纺织品出口额已经达到 40 亿美元。但是激励日本人生产新型的更佳产品以及激励大部分美国工商业界的竞争因素在当地的市场上还是没有出现。没有这种激励，就很难发展起来。

至 20 世纪 80 年代，服务行业中有了一些新政策，例如可以合法地开办自行车修理店或者茶馆，这才给了人们一点通过竞争取得进步的意识。在一些地方，具有讽刺意味的是在日本人的帮助下形成了竞争的局面。

重庆的一家军工厂正在组装雅马哈的摩托车和摩托艇，另一家竞争对手却在生产本田的产品，他们在国内长期的竞争竟被带到了另一个国家。

收购电影公司

作为与松下电器公司、飞利浦公司并驾齐驱的世界著名电器生产厂商，索尼公司也搞起了"多种经营"。

1968 年，索尼公司和哥伦比亚广播公司合作设立哥伦比亚广播公司索尼公司。公司设立两年后转亏为盈，适逢山口百惠等超级明星的歌曲走红，5 年后利润额成为业界首位，10 年后更是超过日本胜利公司和日本哥伦比亚这些大企业，营业额和利润均创业界首位。

但是苦心经营了 10 多年，索尼公司发现对方的管理意识不像日本那样具有一贯性。合资经营实在很难，能合作的范围是很有限的。

就像盛田昭夫说的："我们和美国搞了各式各样的合资企业。我们想以长远的目光认真办好企业，所以在美国的合资企业，倘若我们做了设备投资，当然是想使公司尽快健全起来，尽早获得回报。可是我们考虑 10 年的事情，美国同伙却只考虑了 10 分钟……"

1988 年，索尼公司以 20 亿美元的价格收购了哥伦比亚广播公司唱片公司，将世界上第一流的音响软件收归己有，并改名为索尼音响演艺公司。挣脱了哥伦比亚广播公司的束缚，得到新生的索尼音响演艺公司发展更加迅速，成为索尼集团的巨大推动力。

后来它更以扩大硬件销售、带动激光唱片发行的方式，重新展现了软件的威力。

盛田昭夫也说："买下哥伦比亚广播公司唱片公司以后，哥伦比亚广播公司索尼公司的市场宏图大展，因并购而投注的资金逐渐回收，而在这期间，激光唱机的市场也得以拓展。同时，索尼公司也是视听领域中屈指可数的制造商，所以考虑想拥有自己的影视软件，自然得到处寻找对象。有过几次交涉，可是进展很不顺利，正在那时，出现了哥伦比亚电影公司……"

还有什么比吞并了世界第一流的唱片公司，又使其迅速成长更令人充满自信的呢？如果说当初并购哥伦比亚广播公司唱片公司时大家还有点犹豫不决，并购哥伦比亚电影公司时就显得踌躇满志了，尽管金额是哥伦比亚广播公司唱片公司的两倍以上，但管理领导层全部持赞成态度，这当然是顺利并购哥伦比亚广播公司唱片公司后产生的自信心所致。

盛田昭夫收购哥伦比亚电影公司是立足于长期战略的措施，其意图与在录影带竞争中测试式录影带受挫不无关系，画面优异的测试式录影带被后起之秀日本胜利公司家用录像系统式录影带超越的原因之一，在于软件容量的差异，这是显而易见的。

遗憾的是，索尼公司手中没有一流电影公司在日本的影带发行权。而日本胜利公司的子公司却拥有米高梅·联美电影公司、二十世纪霍士、哥伦比亚公司的发行权。索尼完全被排除在此行列之外。

在日本，录影机市场达数兆日元，而录影带的市场只有几千亿日元，确实相差悬殊。但是，盛田昭夫不会被这些数字所迷惑。

盛田昭夫最初想收购米高梅·联美电影公司，谈判告吹后转向哥伦比亚电影公司。

哥伦比亚电影公司已有好几年拍不出好作品，而且经营不善，频频更换高层主管，据说拥有49%的股票而握有经营权的可口可乐公司正想撒手而去。

经过一番不露声色的试探，掌握哥伦比亚电影公司经营权的可口可乐公司很快有了反应，他们表示如果一些特定条件能够满足的话，可以考虑把哥伦比亚电影公司卖掉。可口可乐公司的格杰特和盛田昭夫是旧相识，他认为选择索尼作为股票出让的对象，是再合适不过的了。

1989 年 9 月，索尼公司并购哥伦比亚电影公司，并购金额为 34 亿美元，再加上哥伦比亚电影公司原有的 12 亿美元负债，总金额高达 46 亿美元。

为了使哥伦比亚电影公司步入正轨，索尼公司还物色了两名电影制片人彼得格巴和约翰彼得斯经营管理。彼得格巴和约翰彼得斯因《手足情未了》《蝙蝠侠》等热门电影而闻名影坛，这些影片囊括了 1989 年奥斯卡金像奖的主要奖项。索尼还原封不动地并购了他们共同经营的制片公司，即格巴彼得斯演艺公司，其金额为 2 亿美元。

这些费用全部加在一起，折算当时的汇率，将近 7000 亿日元，其数额达索尼本部年度销售金额的 2/3，经营利润的 7 倍。当然，这也是日本企业一次大规模的并购行动。

产业界认为，"这样的一笔巨款，对企业的经营来说，可能会产生长期的不良影响。"还有人说："索尼公司是因为在录影机的竞争上遭遇滑铁卢，故而采取了激进的做法。"

然而，索尼统帅盛田昭夫却对以上的议论置之不理，他信心十足地说道："即使做最坏的打算，这笔金额，我们也承担得起。社会上无法理解我们购买哥伦比亚电影公司的真正意图。我不认为哥伦比亚公司被收购后的三四年间就会发挥作用。真正的作用是在 20 世纪 90 年代后期到下一个世纪才能实现。在下一个 10 年里它将会重振雄风。"

盛田昭夫寄希望于 20 世纪 90 年代末期，但是 1992 年 2 月 20 日，合众国际社发表了一条消息：

索尼公司的两个制片厂在第六十四届奥斯卡奖的提名中名列前茅，共获得 36 项提名，约占提名总数的 1/3。

格巴彼得斯演艺公司摄制的警匪片《巴格西》在所有影片中提

名最多，共有 10 项。该片获得最佳影片和最佳男主角的提名，将给此片在商业上的成功起到推波助澜的作用。

除《巴格西》外，格巴彼得斯演艺公司拟制的《渔夫国王》等三部影片共获得 17 项提名。哥伦比亚制片厂也成绩不俗，它摄制的《潮流王子》获得 7 项提名，而且票房收入已超过 5000 万美元。

当时的好莱坞被三大影片公司控制，即华纳兄弟影片公司、沃尔特·迪士尼影片公司和索尼影片公司。据美国《华尔街日报》1993年 1 月 4 日报道："在 1992 年票房收入大战中，三大公司势均力敌。几乎同登冠军宝座，各公司的电影业务各占大约 20% 的市场份额。据预测，华纳兄弟影片公司将荣登榜首，迪士尼影片公司以相差不到1% 的成绩屈居第二，索尼公司则以占 19% 以上的市场份额居第三位。"

竞争结果如此接近，其中部分原因是三大影片公司在 1992 年均推出了极有票房价值的影片。例如，迪士尼影片公司的动画片《阿拉丁》在圣诞节至新年这 7 天时间里，上映收入就达 3200 万美元，是历年来同期放映的影片中收入最高的。哥伦比亚影片公司的《好男人》自 1992 年 12 月 11 日首次上映至 1993 年 1 月 4 日，一直是头号叫座影片，其毛利已达 7720 万美元。

盛田昭夫的决断是正确的，由于加入到好莱坞的行列中，使索尼公司的活动余地比以前大多了，换句话说，即使世界电器行业出现萎缩，索尼公司也可以在娱乐业大展宏图。

事实已经证明，1989 年索尼公司花 54 亿美元买下哥伦比亚广播公司唱片公司和哥伦比亚电影公司是明智之举。

今天，盛田昭夫领导下的索尼公司不仅是世界电器业仅次于日本松下电器公司、德国西门子公司和荷兰飞利浦公司的第四大公司，而且它已成为世界电影业三大巨人之一。

获得荣誉时刻

在盛田昭夫的印象里，从来没有哪一位日本政府首脑曾经像玛格丽特·撒切尔首相那样劝导外国公司到国内来开展业务。不管什么时候，只要一有机会，甚至在国家元首的会晤中，撒切尔夫人都会向别人推荐自己的国家，她会打听什么时候日产汽车公司或者别的公司会去英国建厂。

对于索尼公司在英国建厂的事，连查尔斯王子都参与了进来。查尔斯王子出席了 1970 年的世界博览会，英国驻日大使邀请盛田昭夫将索尼公司生产的电视机放到东京英国大使馆为查尔斯王子准备的套房中去。

后来在使馆举行的一次招待会上，盛田昭夫被介绍给王子殿下，王子对索尼公司提供的电视机表示感谢，然后问盛田昭夫是否打算到英国去开办工厂。

当时索尼公司还没有这样的计划，盛田昭夫向查尔斯王子表示暂时不会考虑这个建议。

王子笑着对盛田昭夫说："也好，如果你决定到英国建厂，不要忘了到我的领地去。"

后来盛田昭夫去了英国，理所当然地，他去看了看威尔士，还到过其他很多地方，他想找出所有的可能适合建厂的地方。最后盛田昭夫还是选择了威尔士，因为那里的地理位置比较适当，环境也比较便利。

索尼公司在布里津德建立了一个制造厂。1974 年他们已经准备就绪，英国驻日大使正好返回英国，盛田昭夫与他联系，请他向查尔斯王子询问是否愿意接受索尼公司的邀请，来出席开张典礼。

王子殿下欣然接受了邀请，并出席了索尼公司的开张典礼。索尼公司感到格外荣幸，为了纪念王子的驾临，一块牌子在工厂的大门处树了起来，纪念牌是用英文和威士尔文写的，而没有用日文。

在开张典礼上，盛田昭夫对王子重新提起他们在 1970 年博览会时的谈话，盛田昭夫说："这家工厂代表着我们公司一贯遵循的国际方针的一个重要进展，索尼公司的理想是通过它独特的技术和国际合作来为世界提供服务，就像在这家工厂里那样，本地的工人、工程师和供货商与我们共同工作，生产出高质量的产品来满足市场的急需。"

盛田昭夫接着说："希望这家工厂最后不仅能够向英国的市场，还可以向欧洲大陆的市场供货。"

王子殿下后来与《南威尔士之声》的记者进行交谈时又提到了自己与盛田昭夫两人在东京的会晤，报纸引用他的谈话说：

两年以后，日本董事长脸上神秘的笑容在南威尔士变成了一座真正的工厂时，没有人比我自己更加感到吃惊。

盛田昭夫从来没有想到自己会有那么神秘，但是他不会去与一个王子发生争执。

以后伊丽莎白女王对日本进行了正式访问，在英国大使馆的招待会上盛田昭夫有幸见到她。她向盛田昭夫问查尔斯王子推荐那家工厂厂址的故事是不是真的。盛田昭夫回答说确有其事，她感到很高兴。

几年之后，盛田昭夫到伦敦去参加维多利亚和阿尔伯特博物馆主办的日本时装展览会开幕式时，他又见到了女王陛下，并有机会向她禀报了索尼公司的进展。

由于索尼公司出色的工作，公司还荣获了女王奖。索尼公司在英国的产品一半是出口到非洲大陆去的，它占英国彩色电视机出口量的30%。

1981年索尼公司扩大了在布里津德的工厂，增加了显像管车间，索尼公司再次邀请了王子殿下。但王子说自己的日程已经排满，但是可以让威尔士公主戴安娜王妃来。

戴安娜王妃当时正怀着小威廉王子，听说她要来的消息，盛田昭夫他们感到非常激动。因为车间里有带压力的玻璃制品，所以每个参观者都必须戴上坚硬的头盔和保护眼镜。为了戴安娜王妃，盛田昭夫还将头盔和眼镜都送到伦敦去认可。

当王妃来访时，她戴着头盔在厂里走了一圈，头盔上写着很大的索尼厂名，而所有的摄影师都把镜头对准了她。盛田昭夫不得不承认这种商业化的打扮有点令人难堪，但是好像也没人在意，戴安娜王妃没在意。王妃很迷人、温和，善于合作，而且还很热情。

为了纪念戴安娜王妃的这次驾临，索尼公司为此又竖立一块纪念牌。

盛田昭夫为英国皇室对索尼公司的关注感到荣幸，甚至有点受宠若惊。他为此总结道：一个政府对商业感兴趣是自然的、健康的，有助于国家改善其就业环境。然而在美国好像流行着一种思想，政府官员都是生意人的敌人，最多是中立的。相比之下，他非常喜欢英国政府那样的参与。

在很多方面，英国人对盛田昭夫都是非常友好的。1982年盛田昭夫到伦敦去接受皇家艺术学会的阿尔伯特奖章，这是对他"在技术以及实业中的创新、管理、工业设计、产业关系、音像系统和增进世界贸易关系等诸方面作出的贡献"的奖励。

当盛田昭夫意识到阿尔伯特奖曾经颁发给一些世界知名的科学家，例如托马斯·阿尔凡·爱迪生、玛丽·居里夫人和路易·巴斯德，他感到自己难负盛名。

在一种轻松的氛围中，学会还为盛田昭夫的英语水平颁发了一张证书，此举开创了一个慷慨的纪录。

事情是这样的，在皇家学会颁发阿尔伯特奖章的仪式之后，盛田昭夫做东举行了一个招待会。在欢迎他们时，盛田昭夫说索尼和自己一直都是创新者，他们不仅创造了产品，还创造了新的英语词汇。

为了证明这个论点，盛田昭夫向他们提出了"随身听"这个品名和索尼独特的公司名称。大家对他的讲话报以热烈的掌声，几位主管人员写了一张"高级英语口语荣誉证书"，并将它郑重地授予了盛田昭夫。

在盛田昭夫的主导下，索尼推出的定位在青少年市场的随身听，强调年轻活力与时尚，并创造了耳机文化，至 1998 年为止，"随身听"已经在全球销售突破 2.5 亿台。盛田昭夫在 1992 年 10 月受封为英国爵士，英国媒体的标题是"起身，索尼随身听爵士"。

随身听的地位一直很稳固，后来推出的迷你光盘系统，继续在全球处于第一名的地位。2000 年开始，MP3 音乐格式逐渐盛行，低价竞争者陆续推出采用快取内存可支持 MP3 的随身听，使 MP3 从个人电脑渐渐转移到随身听市场。

2010 年 10 月 22 日，索尼公司宣布，由于录音带随身听销售凝滞低迷，已正式决定停止生产。日本最后一批随身听的出厂日期是在 4 月，此批产品销售完毕后，随身听的历史也将就此画上句点。

挑战多项运动

成功的企业家和杰出的艺术家都有一个共同特点，那就是他们的好奇心都很强烈。盛田昭夫从小就好奇心极强，他的这种好奇心并不因童年的结束而消逝，恰恰相反，好奇心几乎伴随了他的一生。

盛田昭夫是个热爱工作的人，但他并不是那种上了发条的"机器人"，工作之余，他也尽兴玩乐，他的兴趣并不限于工作的领域，按盛田昭夫的话说："我 50 岁开始打网球，60 岁学滑雪，64 岁开始学滑冰……"

日本经济评论家真木康雄 50 岁那年取得了驾驶执照，他深感这已经不是做这件事的年龄了。真木康雄 40 岁左右开始打网球，每星期五早晨 8 时到品川王子酒店的室内网球场打球。

有一次，在隔壁的球场里发现了盛田昭夫。

"哎，盛田君，你也在打网球？"

真木康雄感到十分惊讶，知道盛田昭夫那时已经 60 多岁了！

"是啊，我是 55 岁才开始打网球的。"盛田昭夫说。他擦干满脸的汗水，心平气和地告诉真木康雄："在轻井泽时，有天早晨正想去打高尔夫球，我儿子对我说：'爸爸，你的手臂变小了！'我听了很是惊讶。肉体的衰老，看来就是从这里开始的，但是生命在于运动呀，于是我决定打网球了。"

真木康雄暗自思忖说：他是 55 岁才开始学打网球，而自己早就是个老手了，对付他应该不成问题。

下次在网球场见面，真木康雄给盛田昭夫下了战书，盛田昭夫愉快地接受了，双方约好各带球友，数日后在王子酒店球场一决雌雄。

可是，那天真木康雄有一种不祥的预感，他看到盛田昭夫穿着网球鞋，一副职业网球队员的模样。尤其使真木康雄感到尴尬的是，自己虽然年龄小一些，啤酒肚早已凸了出来，而盛田昭夫根本没有啤酒肚，而且，他那细长结实的腿像羚羊般强悍！如果没有白发，盛田昭夫简直要给人 30 岁的错觉了！

果然不出所料，真木康雄和秘书搭档的双打输给了盛田昭夫。真木康雄一点也不肯认输，他的理由是在双打中难分高低，不如进行单打比赛，盛田昭夫笑着答应了。其结果是真木康雄又一次一败涂地。论发球速度，真木康雄和他没法比！

比赛结束后，真木康雄百思不得其解。作为索尼公司的领袖人物，盛田昭夫把毕生精力都倾注于公司的发展上了，他哪里有时间打网球，而且球发得那么好？

真木康雄毕业于早稻田大学，大学时代已经开始从事经济记者的工作，1957 年加入财经界研究社工作，1975 年出任《财界》杂志编辑。职业的敏感使他抓住这个机会，向盛田昭夫提出一系列问题。

当他问到盛田昭夫为什么球发得那么好时，盛田昭夫若无其事地回答道："在纽约时，一位网球世界冠军选手曾经指导过我，我算是他的弟子吧！"

真木康雄终于恍然大悟：原来盛田昭夫接受过世界冠军选手的调教，怎么可能赢他！

就是在那次采访过程中，真木康雄了解到，盛田昭夫不仅喜欢打网球，而且打了近 40 年高尔夫球，至今仍像一个 16 岁的少年一样喜爱不渝。

1986 年，盛田昭夫 65 岁了，他执意开始学冲浪；67 岁那年，他又向需要戴氧气筒的潜水运动挑战。潜水协会把一套潜水呼吸器赠送给盛田昭夫，附信中写道："非常感谢您能够参加这项运动。"

1988 年 9 月 3 日，盛田昭夫在冲绳万座海滩首次亮相。评论家竹村健一也不甘示弱地向潜水挑战，他和盛田昭夫手拉手潜入水中。

日本经济评论家真木康雄在一次电视节目中也戴过一回水下呼吸器，虽然只是潜入水槽里，但他没有经过任何训练，别人只是简单地告诉他如何呼吸，拍摄马上就开始了。这次"潜入"给真木康雄留下了极度恐怖的印象，

从此看到大海他就感到一种难以言说的窒息，再也不敢玩"潜水"游戏了。但他对盛田昭夫年近70岁竟能潜水，不能不表示钦佩。

"嗨，可得当心啊，那可是性命攸关的大事！我虽然没有呛过水，但是竹村健一好像灌了不少水。"

盛田昭夫笑着回答真木康雄的提问，说着说着就提起朋友的丑事来。也许此时此刻他仍然难以抑制自己的好胜心吧！真木康雄忍不住问这位白发苍苍的老少年："那么，竹村君还想再去潜水吗?"

"大概那是一个人单独潜水，后来又和半鱼半人般的石原慎太郎一起潜水的缘故吧！他说如果和我一起潜水就放心了。"

盛田昭夫忍不住哈哈大笑起来，笑过之后，他告诉真木康雄："虽然我什么都爱试一试，但我生性胆小，潜水时非常小心。去年潜了好几次，今年潜水时，还是去游泳池练习以后才出海的。"

诠释生命真谛

对于盛田昭夫而言，在 20 世纪 60 年代末期，出国公干与视察国内不断扩大的生产网与研究设施，已日趋重要，他每天的时间似乎都不够用。

虽然工作繁忙，但只要有可能，盛田昭夫就会短期休假。冬天的周末去滑雪，夏季的周末去打网球，在新年的假期，他则会去夏威夷度七八天假，打打高尔夫球和网球。

每个星期二上午索尼公司在东京召开办公会。盛田昭夫如果在日本，他就会设法参加，但是他先要在办公室附近的室内网球场打网球，从 7 时一直打至 9 时。盛田昭夫喜欢与年轻人一起运动，因为从他们身上可以得到好主意，让他从全新的角度来看待几乎每一件事。

因为盛田昭夫一直在打网球，所以他的反应能力有所改善，当一个人开始上年纪时，反应能力就会随之下降，脑子也会不太好使。

盛田昭夫刚开始打网球时，总是失球；刚开始滑雪时，盛田昭夫的平衡掌握得不是很好。每个主管人员都应该明白，他们需要这种有力的锻炼，不仅仅是为了心脏，也是为了保持脑力和自信，而保持自信是至关重要的。

盛田昭夫也很喜欢飞行。

有一次他乘坐公司的直升机，发现飞行员的年纪比他还大，他突然想到，如果飞行时他发生什么意外，他俩就会粉身碎骨。盛田昭夫想，一个人坐在后面干着急真是太愚蠢了。于是他拿出学员许可证，爬到副驾驶员的座位上，开始学习如何驾驶直升机。

每天盛田昭夫的秘书都会给他布置"作业"。盛田昭夫总是带着两个纤维板的箱子，一只是黑色的，另一只是浅红色的。黑色箱子里装的东西与他必须处理的国内事务有关，浅红色箱子里装的与国际事务有关。

盛田昭夫有4个秘书，两个负责国内事务，另外两个负责国际事务。白天他没有时间阅读这些文件，因为他要接电话或者打电话，与客人交谈，参加会议。

索尼公司里设有一个对外联络部，这个部几乎是为盛田昭夫一个人而工作。这个部里对盛田昭夫所涉及的各个领域都设有专家。一名专职人员负责盛田昭夫在经团联的事务；另一名负责日本电气协会；还有一名负责与政府部门的联络。

盛田昭夫有一名助手，帮他起草讲稿，尽管他讲话时不太用讲稿。盛田昭夫的箱子里还有部下们送来的备忘录，甚至还有剪报。无论他在世界上什么地方，他的秘书都知道怎样找到他。

有一次他到日本轻井泽的山上去滑雪，想在那里休3天假，结果未能如愿，在山坡上他的呼叫机响了。通常他的部下总是试图自己解决问题，那次呼叫他是因为部下不能代替他行使职权。

有时来自美国的电话会涉及美国国会，因为他们可能对索尼公司有影响。还有很多电话是私人电话，盛田昭夫家里有5条电话线，其中有两条是他的专用线。他在夏威夷的公寓、纽约博物馆大厦公寓和富士山附近芦湖边上的乡村住宅里都有自己的专用电话。

盛田昭夫一直主张这样一种做法，每个公司的负责人在任职以后，都应在家中装一个24小时的热线电话，这样别人就总可以找到他了。虽然盛田昭夫总是忙于工作，但是只要有可能的话，他还是会想办法安排一些短期休假。冬季里他每个周末去滑雪，夏季的每个周末都去打网球。

盛田昭夫自认为不是个"速度迷"，但他喜爱快速旅游。早在决定争取主办奥运会之前，盛田昭夫就已经迫切渴望东京有快运系统和子弹火车了，但是在日本获得奥运会主办权后，快运系统才以破纪录的水平建设完成。

有一次，他和夫人良子去白莱特参加瓦格纳音乐盛会，歌唱家霍夫曼在他面前亮出自己的宝贝"1200CC"的本田汽车，这种重型汽车在日本国内并不出售，但在汽车没有限速的德国却是抢手货。

霍夫曼邀请盛田昭夫开跑车，客人拒绝了邀请，说自己宁愿做他的乘客去坐飞车。当车开到时速 140 千米时，盛田昭夫虽然有些惧恐，却感到很刺激。

折回下车时，霍夫曼问客人想不想来一次特技飞行？

盛田昭夫毫不考虑地一口答应下来——这可是他从没有做过的事！

他们驱车直赴机场，刚巧碰到一位德国的特技飞行冠军人物，他邀请盛田昭夫和他一起飞行，这可正中下怀，盛田昭夫又一次毫不犹豫地答应了。

当盛田昭夫在飞机驾驶舱内坐下后，他才真正感到什么叫恐惧，但是那位德国的特技飞行冠军告诉他："我会时时刻刻注意你的，当你感觉到不舒服时，我就马上降落。"

盛田昭夫想自己是从来不晕机的，既然当初自己夸下海口，就不能再装狗熊了，所以尽管恐惧感一阵阵袭来，他还是漫不经心地点了点头。

起飞不久，特技飞行冠军就把飞机交给盛田昭夫驾驶，要求他爬至 1200 米，他应命做到了。

到了 1200 米高空之后，特技飞行冠军不由分说就接过驾驶盘，他甚至连招呼都不打一下，就开始了他的花式滚翻，内圈、外圈、失速、急流、旋转、滚翻，真是花样百出，使得盛田昭夫不由自主地抓紧安全带。

盛田昭夫的胃很强壮，不会呕吐晕机，尽管特技飞行员云里雾里滚翻不已，他仍然保持着镇定。当飞行员宣布要降落时，盛田昭夫不知是高兴还是庆幸，因为惊险已经过去，他可以看到良子和霍夫曼在微笑招手了。

但是，当飞机接近跑道边缘时，特技飞行冠军又表演了一个惊心动魄的花样——他突然在低空接近地面只有 50 米处，来了个筋斗大翻身！盛田昭夫感到好像头皮直触到跑道上了。

1993 年，日本索尼公司的董事长兼创始人之一盛田昭夫在打网球的时候突然间跌倒在地上。几十年如一日的心理紧张，终于在 1993 年 11 月 30 日那天集中发作，一种巨大的晕眩袭向这位正在打网球的老人，盛田昭夫中风了。

在医院持续 4 个小时的手术中，医生从他的大脑里取出了一块高尔夫球大小的凝血块。他的左半边脸和身体已经瘫痪，并丧失了说话能力，但意识清醒。盛田昭夫从此再没有重返索尼公司。

中风后与轮椅为伴的生活对于从来没有静静坐下来休息哪怕是一会儿工夫的盛田昭夫来说确实苦不堪言。

盛田昭夫的网球伙伴们都知道，每天早上 7 时，已经是 72 岁高龄的盛田昭夫总是准时地出现在网球场上。跟网球场上任何人都不同的是：别人玩一阵子总有累了坐下来休息的时候，可盛田昭夫就像一台有无穷马力的机器一样向场上的每一个人挑战，从来没有看见他有觉得累的时候。

盛田昭夫的精力究竟有多充沛呢？

他从日本东京的索尼总部出发，马不停蹄地访问了美国的新泽西、华盛顿、芝加哥、达拉斯、洛杉矶、圣安东尼奥，英国，西班牙的巴塞罗那和法国的巴黎。

访问期间，他逐一拜见了英国女王伊丽莎白二世、美国通用电气公司总裁杰克·韦尔奇、未来的法国总统希拉克以及其他的政治家、官员和商界人士。他欣赏了两场音乐会和一场电影；在日本国内进行了 4 次视察，出席了 8 次招待会，打了 9 场高尔夫球，到索尼公司总部正常上班 19 天！

盛田昭夫的秘书悄悄地透露说，总裁的行程一般需要提前一年进行安排，而行程中只要稍有一点空闲的话，他总是不失时机地安排他想见的人会面或者见缝插针地开个会，决不浪费半分钟的时间。跟其他的世界级大老板不同的是，盛田昭夫从来不像别人那样高居在"金字塔"的顶端向属下发号施令，而总是亲自参与其中。

颐指气使是日本当家人的一种常态，也可以说是把他自己的生命全部交托给家族的补偿或代价。但是这种做派，与全球化市场的运作大相径庭。

盛田昭夫当然知道这种矛盾，更知道一个成功的日本商人为摆平这种矛盾所必须忍受的东西。1971 年，他在一次乘车时偶然在英语字典上看到"两栖动物"这个词，他的神经被触动了，切身的感触突然得到了释放：这个名词最形象地表征出日本商人的特征。

在两种文化中穿梭的盛田，通常面对着两个世界、两种世界观带来的压力：一方面是日本，它有一套根植于本土传统的文化价值和行为方式，不容许你偏离传统；另一方面是西方世界，在那里，整个世界观与习俗都是开放的，没有个性的张扬将没有生存的空间。

当时，他正在筹建一个男人俱乐部，专门召集日本商业界与金融界的首脑人物，以及冉冉升起的新星们参加，他希望能给商人们提供一个自由交流的场所。于是便把自己创立的俱乐部命名为"两栖动物俱乐部"，在俱乐部上方有一块铜匾，镌刻着盛田昭夫的心得：

我们日本商人必须是两栖动物，我们必须在水中和陆地生存。

在把日本企业领导人描绘成两栖动物时，他心中念念不忘的是两种思维串换所造成的紧张，或许还带有对两种文化融合的绝望。

在日本人众多"名分"组成的网络中，忠于天皇与家族，是压倒一切的义务。当天皇只具有符号意义时，对家族帝国扩张的义务和责任，就是他们活着的意义了。

盛田昭夫为事业经历了常人所不能及的压力、紧张、阴柔、张狂、暴躁、谦卑、坦荡无畏与愁肠百结，常常有一种置之死地而后生的狠劲。而这种"就是死了也干"的精神，正是日本人所推崇的一种"圆熟"境界。

在盛田昭夫的商业历险中，我们不断见识这种"无我"所带来的蛮横或伟力。这是我们解读日本商人这个"两栖动物"的最好标本。

1999 年 10 月 3 日，盛田昭夫因肺炎病逝于东京，享年 78 岁。

附　录

日本绝不能以目前的成就而满足，否则，勤奋的中国人在技术不断改进的情况下，有朝一日会赶上日本的科学技术水平。

—— 盛田昭夫

经典故事

∽ 经营之道 ∾

　　盛田昭夫总是挤出时间到下面公司里去了解，熟悉每个员工，同时查看每个公司的运行情况。随着公司规模的壮大，要做到这一点变得越来越困难了。

　　盛田昭夫已经不可能去逐一认识公司的四万多名员工，但他还是力所能及地去做。同时，盛田昭夫还鼓励所有部门经理去认识每个员工，而不是一有空闲就待在办公室里。

　　有一天，盛田昭夫到了东京市区，他偶然转到了索尼旅游服务公司的一个小办事处，他从来没有来过这里，盛田昭夫走了进去，对工作人员自我介绍说："我相信你们从电视或者报纸上已经认识了我，所以我想，也许你们希望看一看真正的盛田昭夫。"大家都笑了，都觉得盛田昭夫平易近人。

　　盛田昭夫在办公区内观看了一圈，与员工们热情交谈，在很短的时间内就产生了难能可贵的企业凝聚力。

　　盛田昭夫又到了索尼公司的一个小实验室，实验室的一名美籍实验员问盛田昭夫是否愿意照几张相，盛田昭夫表示非常愿意和员工们照相。照完相后，盛田昭夫对那位实验员说："你做得非常好，你弄懂了索尼公司的经营方针。"

❧ 电脑的奥秘 ❧

盛田昭夫在乡村别墅的一个房间内，有一台电脑是谁都不能动的。人们非常疑惑，难道这台电脑有什么奥秘？在盛田昭夫看来，这台电脑还真是索尼公司的无价之宝。

原来，盛田昭夫就是用这台电脑来进行客户信息管理的。在这台电脑里，保存有一千多个重要客户的有关信息。每当盛田昭夫去见客户前，都要打开这台电脑，浏览里面有关这位客户的信息后，才胸有成竹地赴约。

有一次，盛田昭夫请一个大客户吃饭，在席间盛田昭夫突然对这位客户说："恭贺您呀！您母亲明天 70 大寿，我这里备了一份礼物作为寿礼，不成敬意！"这位客户颇为惊讶，并且对盛田昭夫非常感激。他们之间的合作自然会愉快和圆满。

❧ 谁跑得快 ❧

盛田昭夫经常和美国的政界、商界打交道，非常了解美国人的行为方式。他认为美国的商人为他们与日本之间的问题而着急，而日本的商人则担心如何应付美国和欧洲政府和商界对他们的抱怨。

盛田昭夫曾经讲了一则关于日本人和美国人思维方式方面差异的故事："有一天我听到一个笑话，说是一个美国人和一个日本人一起穿越丛林，当他们看到一头饥饿的狮子朝他们跑来时，日本人马上坐下来穿上他的跑鞋，美国人嘲笑道：'如果你认为你比狮子还跑得快，那么你就是傻瓜。'

"'我不必要比狮子跑得快，'日本人说，'我只需要比你跑得快就行了。'"

"但是我们面临的狮子，也就是即将到来的危机，是全球性的，我们无法躲开这头狮子。

"我相信世界经济贸易体系处在一个巨大的危险之中，就特定的贸易和两国之间的矛盾争吵不休只会掩盖住表面以下的真正问题。解决一些鸡毛蒜皮的小事对我们一点用也没有。"

慧眼识"英雄"

1950 年，盛田生产了第一台磁带录音机。当时，大贺还是东京艺术大学声乐系的学生。他以一个歌唱家的眼光写信给盛田，用未经斟酌的语句告诉他，这种机器的性能不好，声音失真太厉害，歌唱家需要的是一面镜子——听得见他声音的镜子，因此，他认为这种录音机只不过是一堆废物。

对大贺的尖锐批评，盛田非但不生气，反而认为他所谓的镜子想法非常中肯恰当，就给大贺回信，聘请他担任公司的兼职顾问。

1954 年，大贺大学毕业后到柏林留学，接受为期 3 年的音乐深造，并在欧洲参加巡回演出。在这一时期内，盛田依旧积极地与大贺取得联系，坚持不断地把工资寄给大贺，并要求他留学回国后继续帮索尼干事。

盛田所做的一切令大贺深为感动。1959 年，他们两人结伴前往欧洲旅行，盛田想通过这次旅行为索尼推销调频晶体管收音机等产品。最后他们乘船从英国出发转道纽约回国。在 4 天多的旅程中，盛田昭夫发现大贺典雄的音乐造诣对以声音和影像为主的索尼很有用处，而大贺也颇懂得一些经营之道，于是就对他说："你作为一位声乐家是一流的，但是，我认为你作为实业家的才能将更加突出。"

就这样，在盛田的鼓励下，这位男中音歌唱家弃艺经商，跨进了实业界的大门。

年　谱

1921 年 1 月 26 日，出生于日本爱知县名古屋盛田酿酒世家，为家族长子。

1929 年，叔叔敬三从法国留学归来，盛田昭夫眼界得到开阔。

1931 年，小学三年级时，父亲开始对他进行商业训练。

1934 年，父母为了孩子的素质教育，买回美国电动唱机。

1936 年，对唱机入迷，决定报考第八高中的理科班。

1937 年，考入第八高中，在老师的指导下学习物理。

1939 年，通过推荐，认识浅田教授，决定追随他学习。

1944 年 9 月，于大阪大学物理系毕业。

1945 年 3 月，任海军技术中尉。10 月退役，当上东京工业大学专业部讲师。

1946 年 5 月，建立东京通信工业股份公司。

1950 年 7 月，销售日本最早的磁带录音机。11 月，将总公司迁到品川区北品川，建造总工厂。

1951 年，与良子结婚。

1953 年 7 月，开始晶体管研究。

1958 年 1 月，盛田昭夫将公司的名称由"东京通信工业株式会社"正式更名为"SONY 股份有限公司"。他开始力推 SONY 品牌；将公司的品牌当作生命，为"让 Sony 享誉全球"而勤奋工作，他的努力终于使 Sony 今日的品牌魅力成为现实。

1960 年 2 月，在纽约设立销售公司索尼分公司。5 月销售世界最早的晶体管电视机。

1961 年，索尼在美国发行 200 万股普通股票，成为第二次世界大战后第一家在美国公开发行股票的日本公司，同年，盛田昭夫成立索尼设计中心，由大贺典雄主持。

1962 年，索尼香港有限公司成立。

1962 年，移居美国。

1963 年，父亲去世。

1968 年，索尼公司推出采用经数年研发的特丽珑显像管的彩色电视机 KV－1310。同年，CBS 与索尼合资成立了 CBS/SONY 唱片公司，由大贺典雄负责，后来这家公司发展成为日本最大的唱片公司。

1971 年，在巴黎开设商品陈列馆。

1972 年，索尼开发了录像机系统，使转轮式变为了带舱式，这样可节约更多的空间，也更容易使用。

1974 年，在英国威尔士开办分厂，查尔斯王子参加开业典礼。在工厂内竖立纪念碑。

1979 年 6 月，全世界第一部立体声磁带随身听问世，Walkman 品牌出现在世人的面前。起初，SONY 是想给它取名为"Stereo Walky"，但东芝已经先行一步为其便携式收音机注册了这个商标，无奈之下，时任索尼公司董事长盛田昭夫立刻想到了"WALKMAN（随身听）"。

1979 年，到中国，与邓小平会面，对中国经济建设提出建议。

1982 年，获得阿尔伯特勋章。

1987 年 1 月，在日本出版《日本制造》一书。

1994 年，打网球时中风，一直坐在轮椅上。

1996 年 10 月，成立（索尼）中国分公司。

1999 年 10 月 3 日，死于肺炎。

名　言

- 让学历见鬼去吧！

- 绝对不要打破别人的饭碗。

- 关注员工就是在关注企业。

- 高效的企业来自高效的员工。

- 人的素养，习惯决定其事业的高度。

- 佛教能够约束人的行为，劝人向善。

- 索尼用质量捍卫自己的品牌，让所有消费者受益。

- 很多企业家成功的秘诀是——专心做好一件事情。

- 市场不是调查出来的，而是创造出来的。

- 商标就是企业的生命，必须排除万难捍卫它。

- 在高速发展中保持预见性，把自己变成导演。

● 成功的秘诀其实很简单，企业的经营要以人为本。

● 你不应该放弃任何一个哪怕只有万分之一的可能成功的机会。

● 不但需要学习他人的科研成果，还要学习他人取得成就的方式方法。

● 电器产品的不断创新，是电器企业之痛，也是电器企业之幸，可谓不进则退。

● 有人把机遇称为运气，不管称谓如何，有一点是绝对的，善于利用机遇比怨天尤人更为有益。

● 日本公司的成功之道并无任何秘诀和不可言传的公式。不是理论，不是计划，也不是政府政策，而是人，只有人才会使企业获得成功。

● 如果你是和机器沟通的话，当然可以完全以理性来思考。但是如果你是和人共事，有时候你得让逻辑思维休息一下，才能够顺利地沟通。

● 一定不可低估下级的才能和独创精神，特别是年轻人，他们思维敏捷，勇于创新。

● 管理不是独裁，一个公司的最高管理阶层必须有能力领导和管理员工。

● 企业必须练好内功，固本强基，向管理要效益，在管理中求发展。

● 当景气衰退的时候，我们不应该辞退员工，公司应该自己牺牲一些获利。这是管理阶层应该承担的风险，也是管理人员的责任。

● 不管困难多大，都必须把公司引向成功的未来，任何组织、任何产业，成功的关键就是明确设定目标。

● 诚然，我们录用了你们，作为一个管理者，或者作为第三者，我们不可能同时也将幸福给予你们，因为幸福应该由自己来创造！

● 企业要发展必须有良好的外部环境，但任何外部环境的改善都不能取代企业内部管理。

● 企业内部管理之要务在于内部管理的制度化，大凡成功的企业都有一套系统、科学、严密、规范的内部管理制度。

图书在版编目（CIP）数据

盛田昭夫 / 李勇编著. -- 北京：中国社会出版社,2014.8
（2022.6 重印）
ISBN 978 - 7 - 5087 - 4765 - 1

Ⅰ．①盛... Ⅱ．①李... Ⅲ．①盛田昭夫（1921～1999）-
传记 Ⅳ．①K833.135.38

中国版本图书馆 CIP 数据核字（2014）第 124000 号

出 版 人：浦善新		策划编辑：侯　钰	
责任编辑：侯　钰		封面设计：张　莉	

出版发行：中国社会出版社　　　　　　　　地　　　址：北京市西城区二龙路甲 33 号
邮政编码：100032　　　　　　　　　　　　编 辑 部：(010)58124867
网　　　址：shcbs.mca.gov.cn　　　　　　发 行 部：(010)58124866
经　　　销：各地新华书店

印刷装订：北京华创印务有限公司　　　　　开　　　本：170mm×240mm 1/16
印　　　张：13　　　　　　　　　　　　　字　　　数：200 千字
版　　　次：2014 年 8 月第 1 版　　　　　印　　　次：2022 年 6 月第 3 次印刷
定　　　价：49.80 元

中国社会出版社微信公众号　　　　　　　　中国社会出版社天猫旗舰店